연산력 수학

노크

B5
(7세~초1)

받아내림이 있는 뺄셈

똑!똑! 연산력 수학
노크의 구성

연산 학습 ▶ 하루에 4쪽씩 한 가지 주제를 학습합니다.

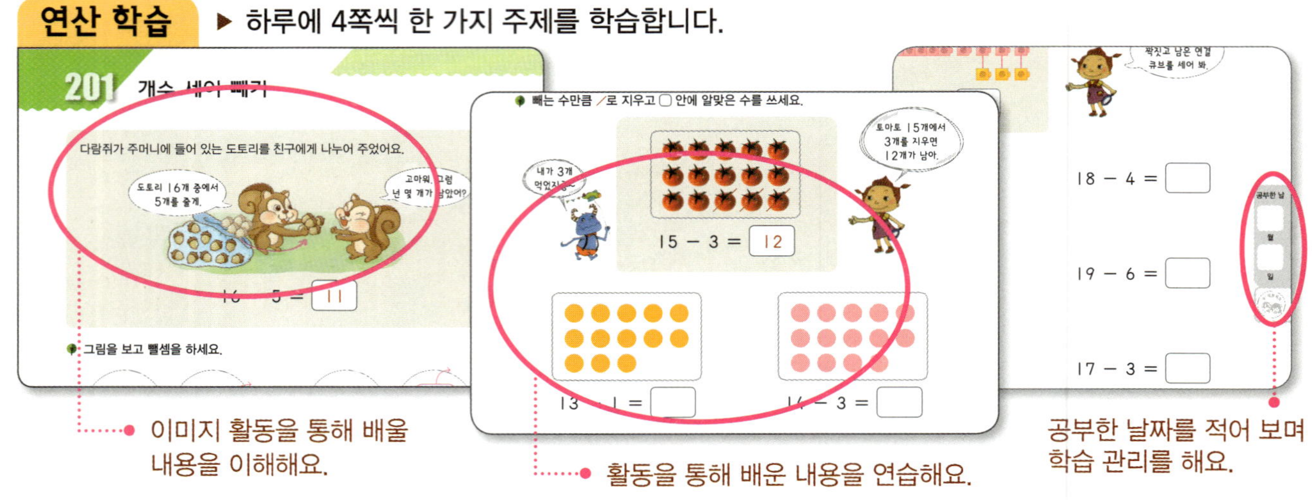

이미지 활동을 통해 배울 내용을 이해해요.

활동을 통해 배운 내용을 연습해요.

공부한 날짜를 적어 보며 학습 관리를 해요.

평가 ▶ 배웠던 주제를 평가해 봅니다.

"문제 생성기" QR코드를 이용하면 여러 문제를 더 풀어 볼 수 있어요.

연산 보충 학습 ▶ 연산 학습의 부족한 부분을 연습합니다.

각 주제별로 학습했던 연산 학습 중 연습이 더 필요한 부분을 본책 맨 뒤에서 제공합니다.
해당 연산 학습을 끝낸 후에 사용하세요.

연산력 수학 노크만의 **스마트** 학습

문제 생성기

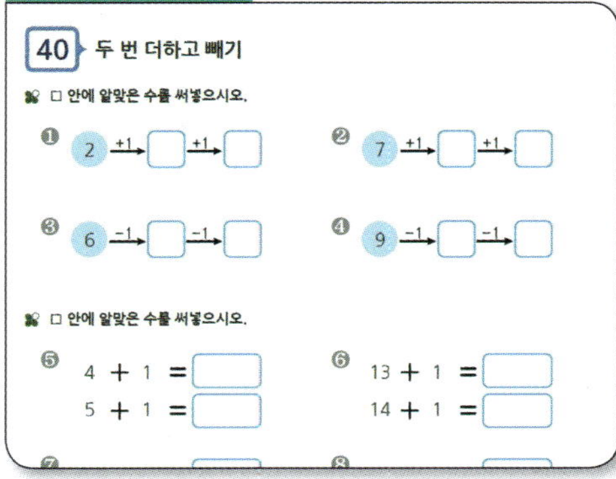

"**무엇을 배웠을까요**"를 풀고 난 후 QR코드를 찍어 보세요.
새로운 문제들이 계속 생성됩니다.
출력하여 사용하세요.

연산력 게임

"**연산력 게임**" 코너에 있는 QR코드를 찍어 보세요.
연산 학습과 연계된 재미있는 연산력 게임을 할 수 있습니다.

애니메이션

연산력 수학 노크에 나오는 친구들을 소개해요!!

모험가 친구들

지오
호기심 공주

태경
활동파 리더

마법사 멀린과 수학 요정

마법사 멀린

꼬마 요괴

딴소리

한입

장난

딴짓

멍하니

잠만자

울보

거꾸로

차례

받아내림이 없는 뺄셈

▶ 연산 보충 학습(102~103쪽)에서 더 풀어 보세요.

학부모 지도 가이드

이 차시에서는 받아내림이 없는 (두 자리 수)−(한 자리 수)의 뺄셈을 공부합니다.
가로셈을 세로셈으로 형식화하기 전에 수 모형이나 연결큐브와 같은 도구를 사용한 활동을 충분히 하도록 합니다.

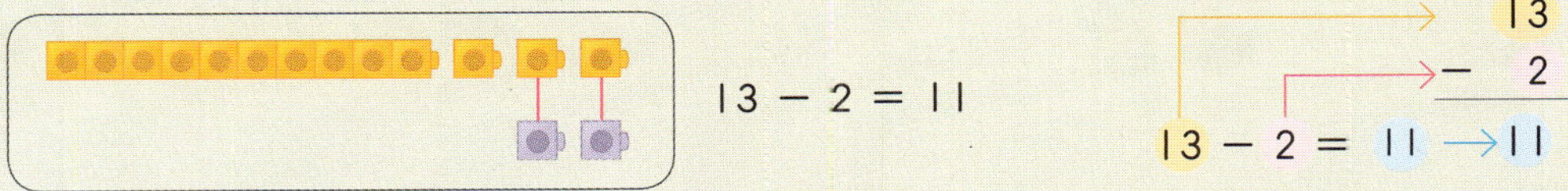

세로셈으로 나타낼 때 같은 자리의 숫자끼리 맞추어 계산해야 하므로 숫자 3과 2를 세로로 나란히 써야 함을 지도해 주세요.

🌳 그림을 보고 뺄셈을 하세요.

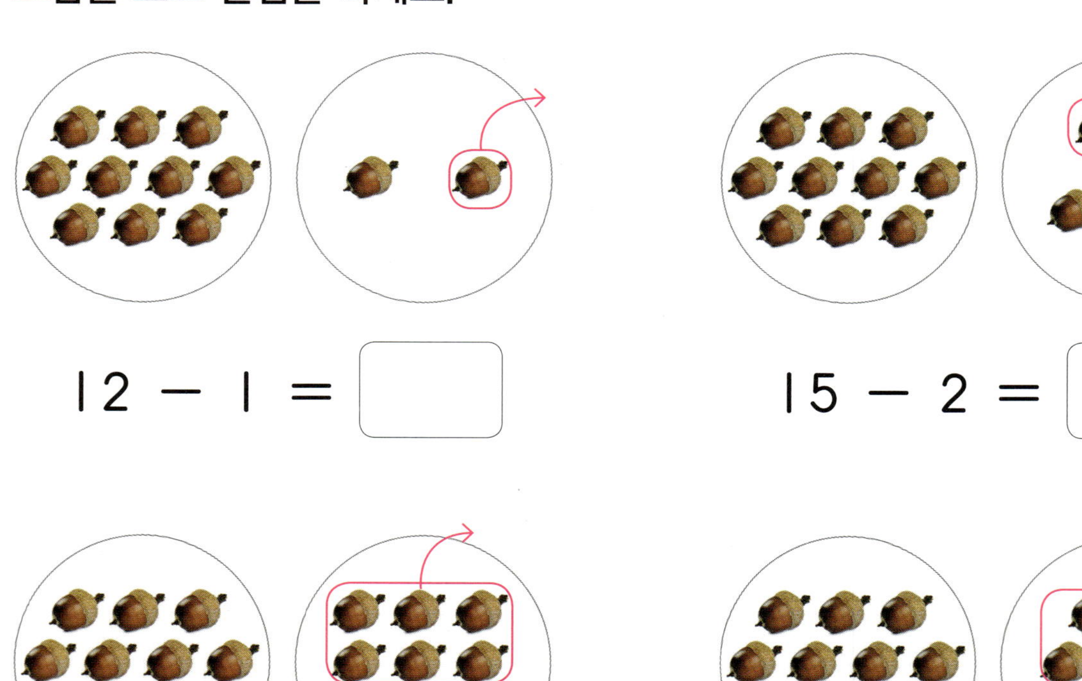

12 − 1 =

15 − 2 =

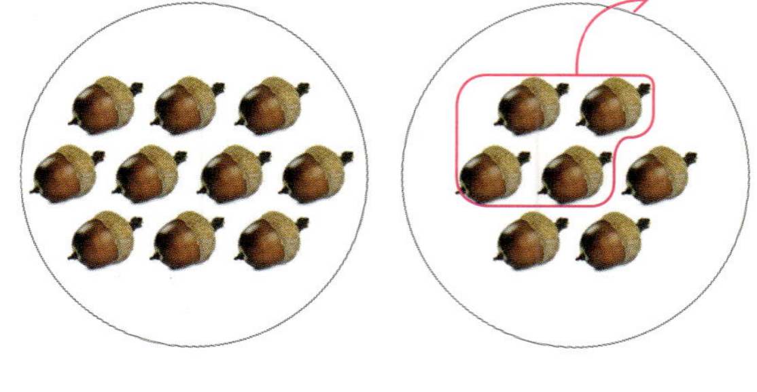

18 − 6 =

17 − 4 =

$$15 - 3 = \boxed{12}$$

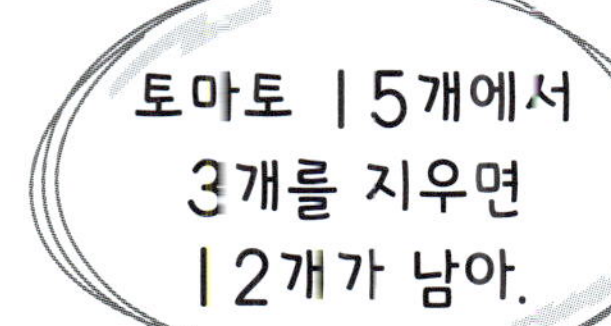

$$13 - 1 = \boxed{}$$

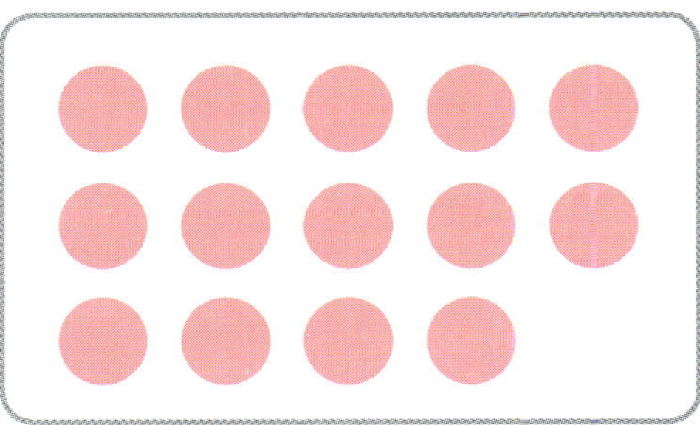

$$14 - 3 = \boxed{}$$

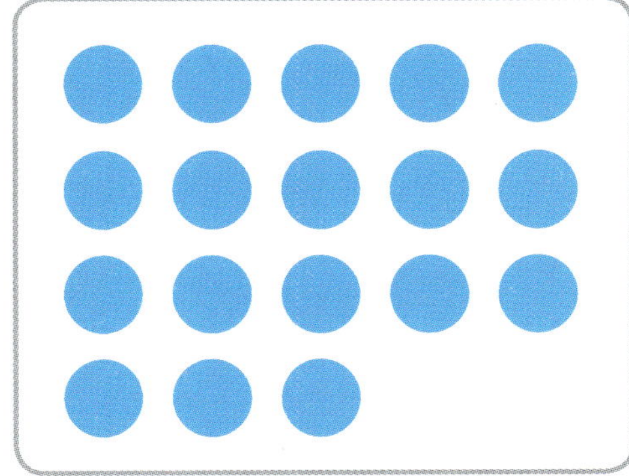

$$18 - 4 = \boxed{}$$

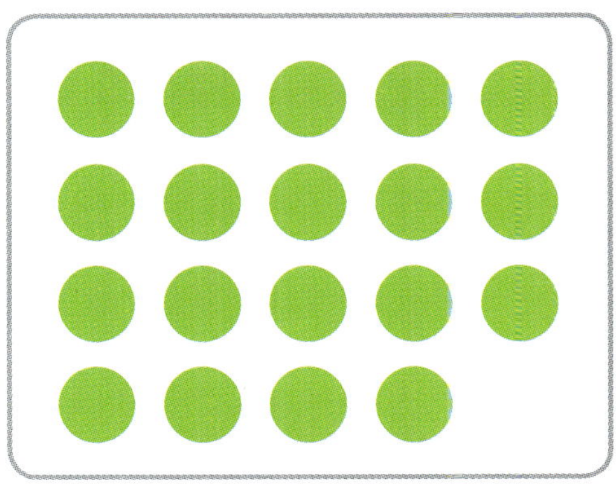

$$19 - 6 = \boxed{}$$

초록색 연결큐브가 파란색 연결큐브보다 13개 더 많아요.

13

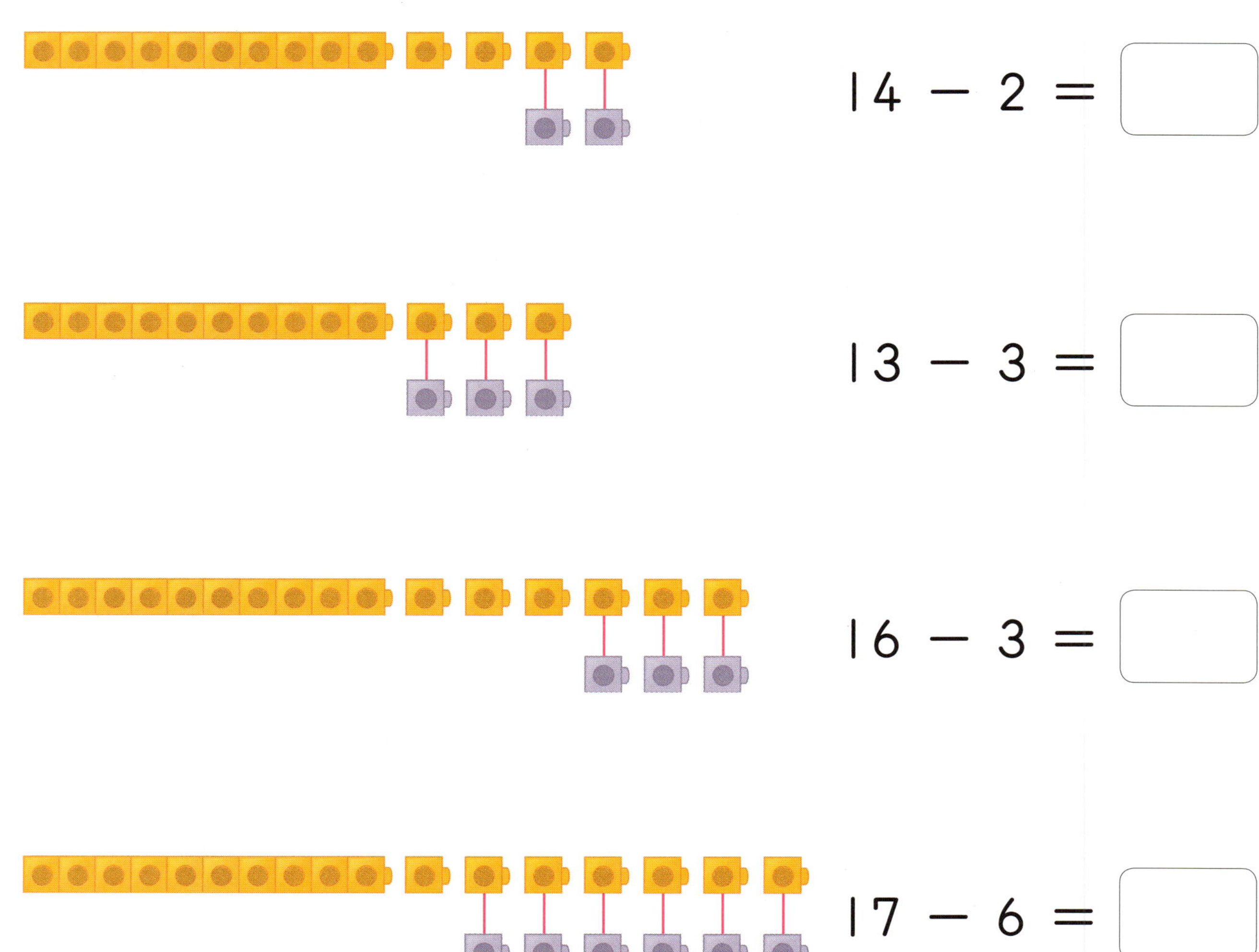

$16 - 3 = \boxed{13}$

🌳 그림을 보고 뺄셈을 하세요.

$14 - 2 = \boxed{}$

$13 - 3 = \boxed{}$

$16 - 3 = \boxed{}$

$17 - 6 = \boxed{}$

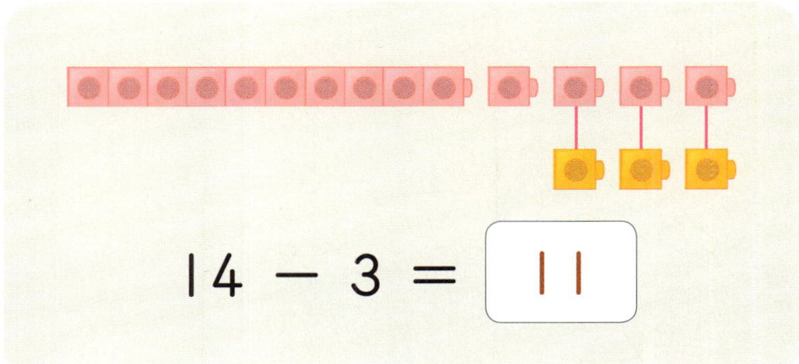

$$14 - 3 = \boxed{11}$$

$$12 - 1 = \boxed{}$$

$$18 - 4 = \boxed{}$$

$$17 - 5 = \boxed{}$$

$$19 - 6 = \boxed{}$$

$$16 - 1 = \boxed{}$$

$$17 - 3 = \boxed{}$$

$$18 - 2 = \boxed{}$$

$$19 - 7 = \boxed{}$$

뛰어서 빼기

🌳 빈 곳에 알맞은 수를 쓰고 뺄셈을 하세요.

$13 - 2 = \boxed{}$

$19 - 6 = \boxed{}$

$19 - 1 = \boxed{}$

🌳 **뺄셈을 하세요.**

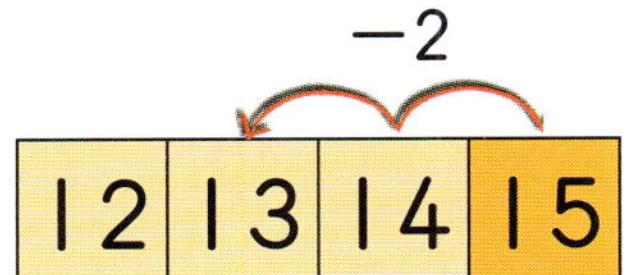

15 − 2 = ☐

18 − 3 = ☐

15 − 3 = ☐

14 − 4 = ☐

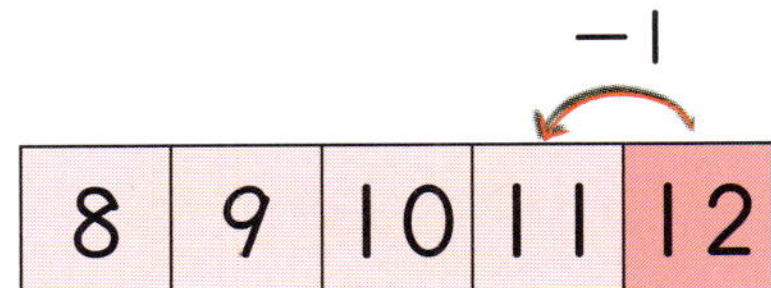

12 − 1 = ☐

19 − 5 = ☐

거꾸로 뛴 수를 알면 뺄셈을 할 수 있어요.

🌳 빈 곳에 알맞은 수를 쓰고 뺄셈을 하세요.

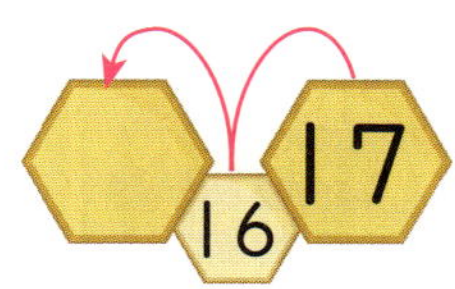

$17 - 2 = \boxed{}$

$19 - 6 = \boxed{}$

$18 - 3 = \boxed{}$

$16 - 4 = \boxed{}$

$19 - 3 = \boxed{}$

$18 - 5 = \boxed{}$

🌳 **빨셈을 하세요.**

13 − 1 = ☐

16 − 2 = ☐

15 − 4 = ☐

19 − 3 = ☐

17 − 3 = ☐

18 − 6 = ☐

18 − 5 = ☐

19 − 8 = ☐

가로셈과 세로셈

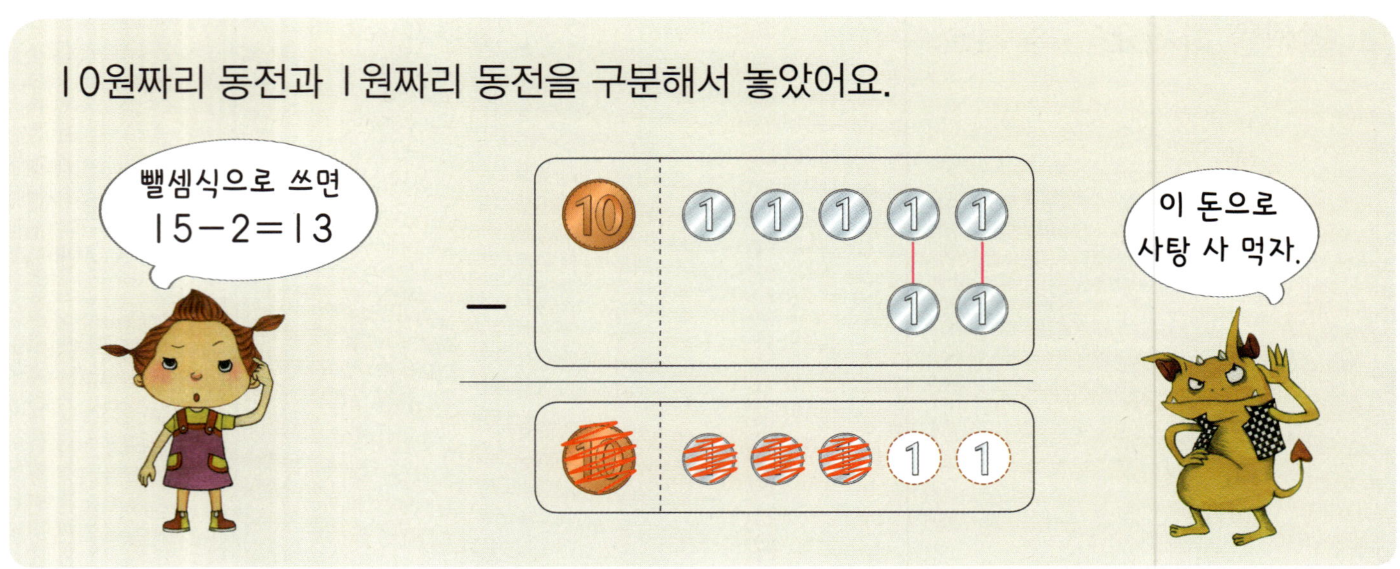

🌳 동전을 하나씩 짝짓고 남은 동전을 색칠하세요.

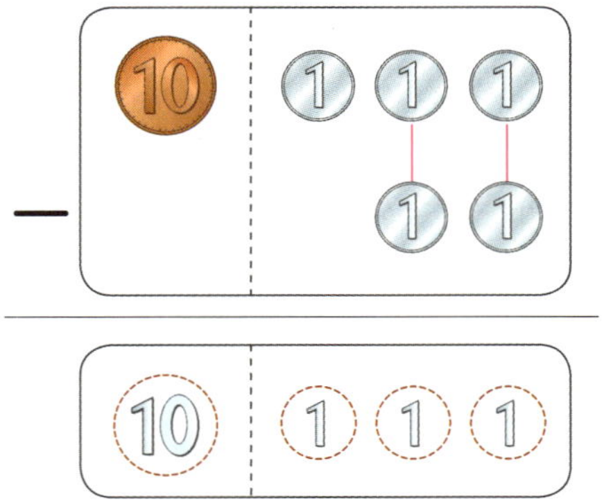

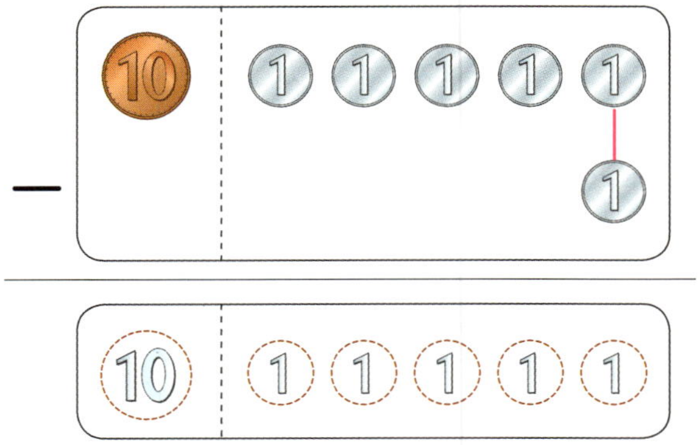

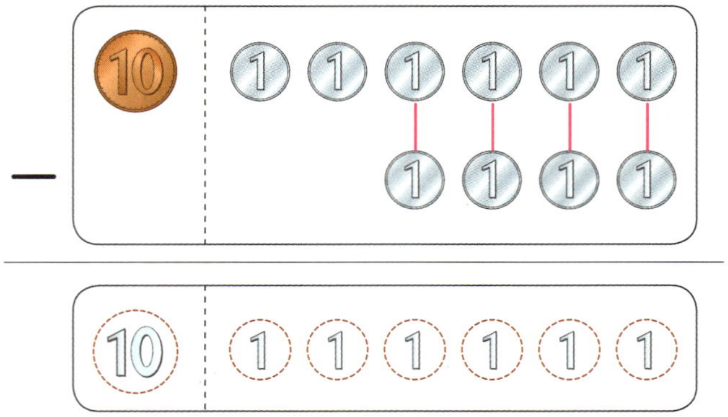

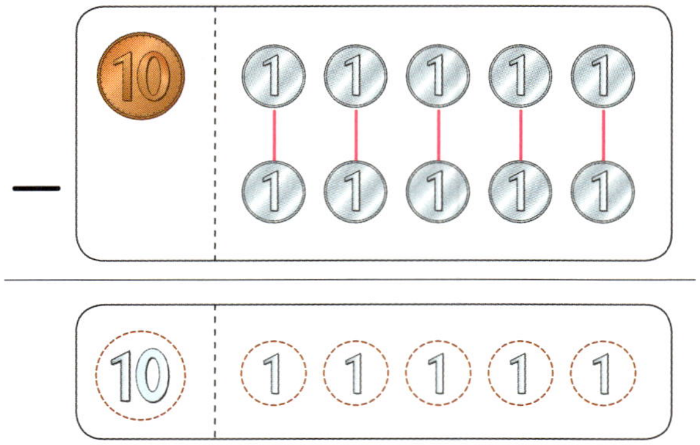

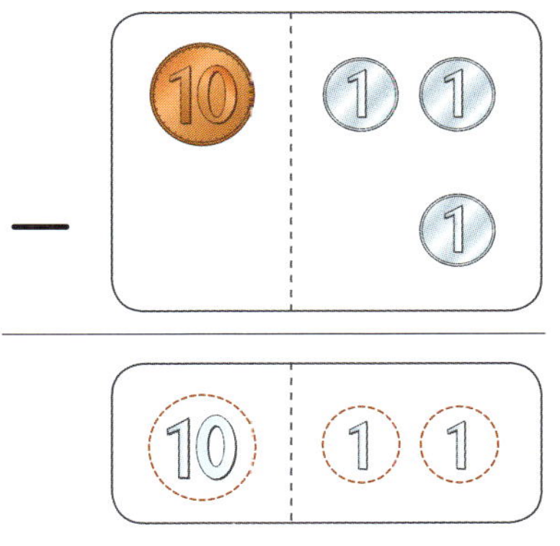

$12 - 1 =$ ☐

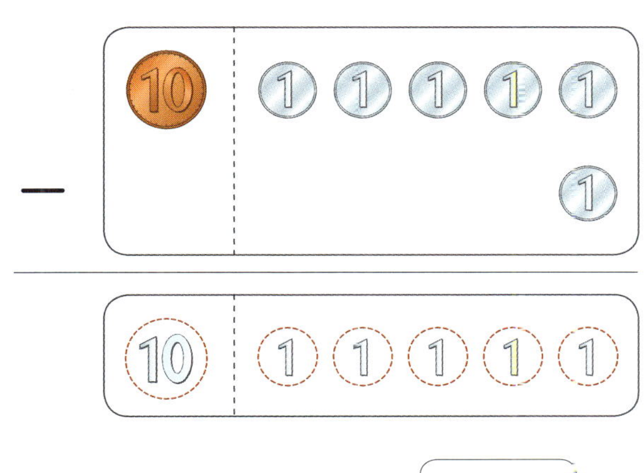

$15 - 1 =$ ☐

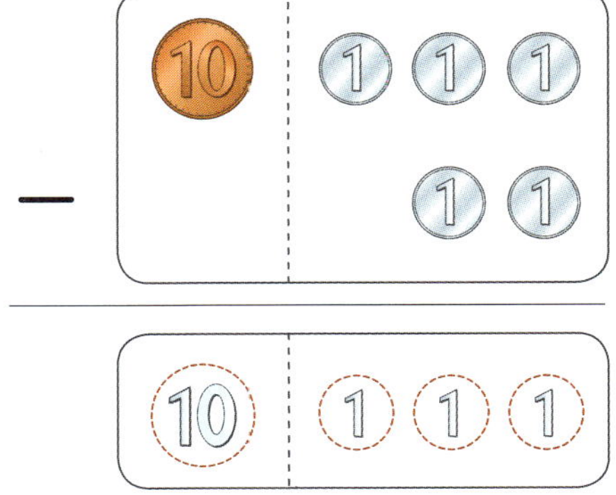

$13 - 2 =$ ☐

$16 - 4 =$ ☐

가로로 쓴 식을 세로로 나타냈어요.

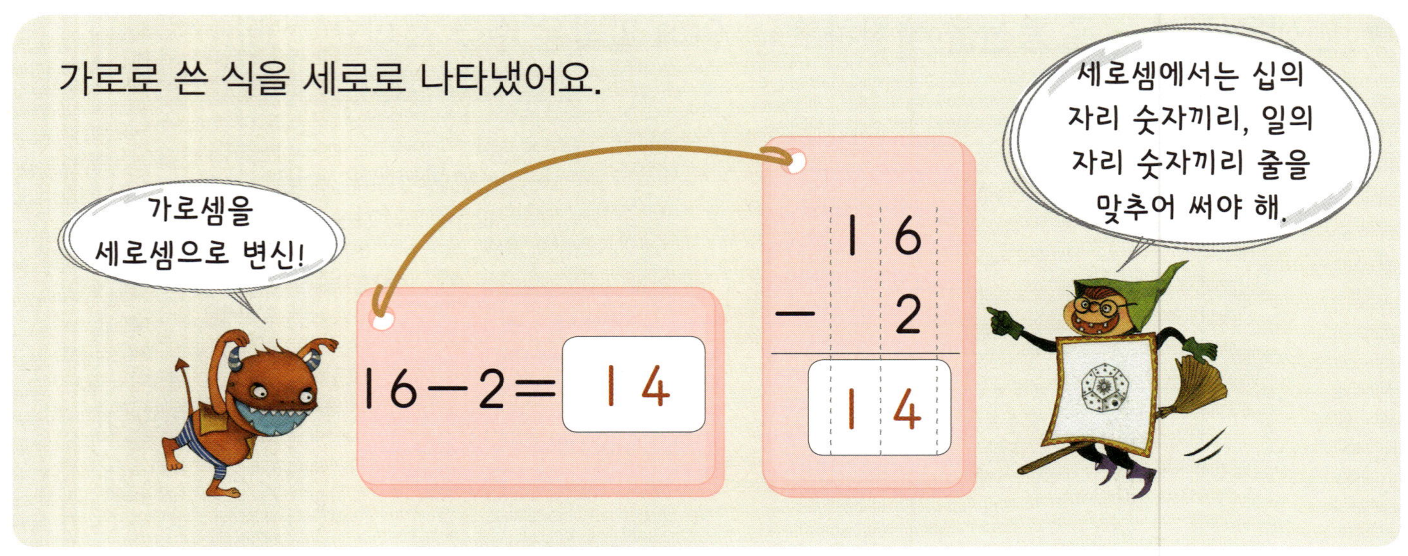

● 뺄셈을 하세요.

14−1=

  1 4
−   1

18−3=

  1 8
−   3

19−7=

  1 9
−   7

17−6=

  1 7
−   6

🌳 뺄셈을 하세요.

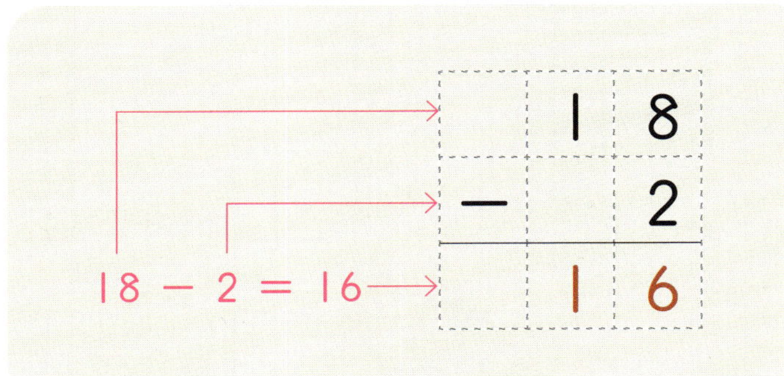

$$18 - 2 = 16$$

	1	2
−		1

	1	8
−		6

	1	5
−		1

	1	7
−		3

	1	9
−		8

	1	8
−		5

	1	9
−		7

	1	4
−		2

	1	7
−		4

□가 있는 뺄셈

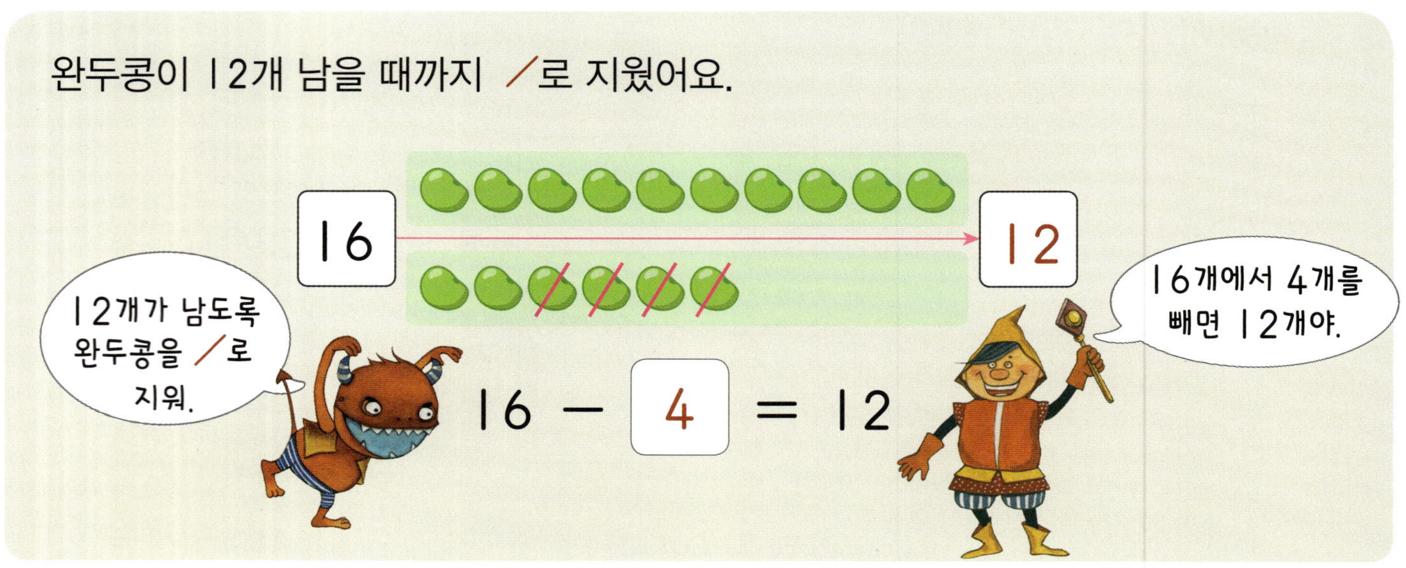

오른쪽 수만큼 남도록 /로 지우고 □ 안에 알맞은 수를 쓰세요.

15 → 10   15 − □ = 10

19 → 13   19 − □ = 13

18 → 17   18 − □ = 17

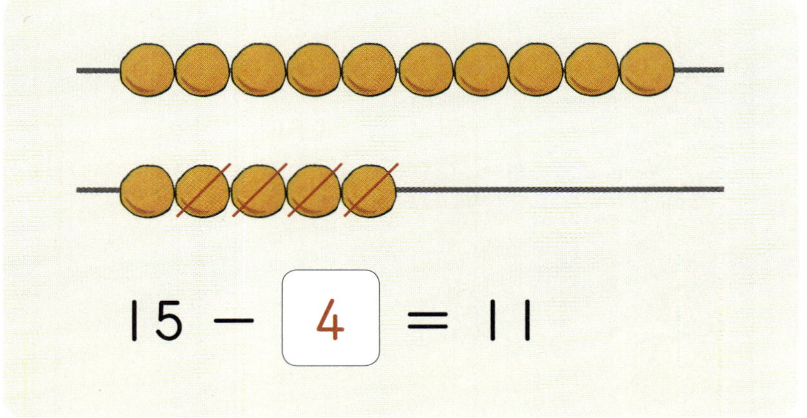

$$15 - \boxed{4} = 11$$

$$16 - \boxed{} = 14 \qquad 13 - \boxed{} = 11$$

$$17 - \boxed{} = 12 \qquad 15 - \boxed{} = 12$$

$$18 - \boxed{} = 13 \qquad 14 - \boxed{} = 13$$

$$19 - \boxed{} = 11 \qquad 16 - \boxed{} = 13$$

태경이가 울타리를 따라 거꾸로 뛰어 뺄셈을 하고 있어요.

🌳 ☐ 안에 알맞은 수를 쓰세요.

−3

| 11 | 12 | 13 | |

☐ − 3 = 11

−2

| 15 | 16 | |

☐ − 2 = 15

−4

| 14 | 15 | 16 | 17 | |

☐ − 4 = 14

−2

| 12 | 13 | |

☐ − 2 = 12

−5

| 14 | 15 | 16 | 17 | 18 | |

☐ − 5 = 14

−6

| 13 | 14 | 15 | 16 | 17 | 18 | |

☐ − 6 = 13

●  안에 알맞은 수를 쓰세요.

$$\boxed{18} - 2 = 16$$

$$\boxed{} - 1 = 15 \qquad \boxed{} - 3 = 13$$

$$\boxed{} - 2 = 11 \qquad \boxed{} - 5 = 12$$

$$\boxed{} - 4 = 15 \qquad \boxed{} - 1 = 17$$

$$\boxed{} - 6 = 12 \qquad \boxed{} - 3 = 16$$

$$\boxed{} - 3 = 14 \qquad \boxed{} - 8 = 11$$

공부한 날
월
일

🌱 태경이가 요괴를 피해서 집을 찾아가고 있어요. 뺄셈을 하여 빈칸에 알맞은 수를 쓰세요.

🌳 **빈칸에 알맞은 수를 쓰세요.**

18 − 4 =

−

3

=

19

−

1

=

− 2 =

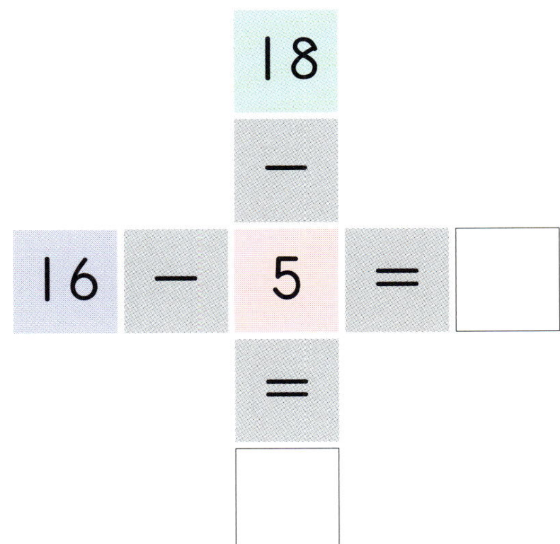

🌳 **뺄셈의 올바른 답을 찾아 선으로 이으세요.**

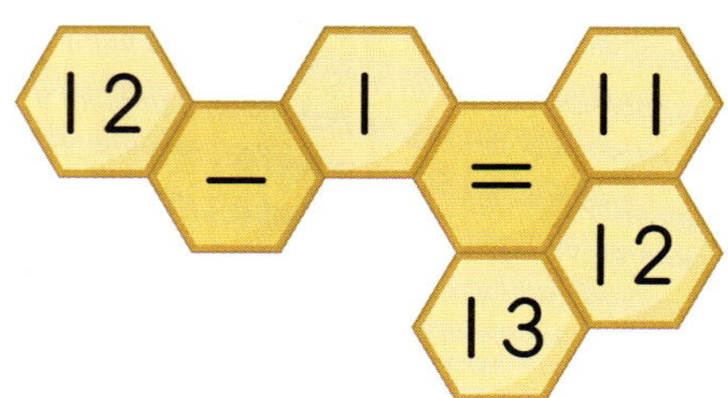

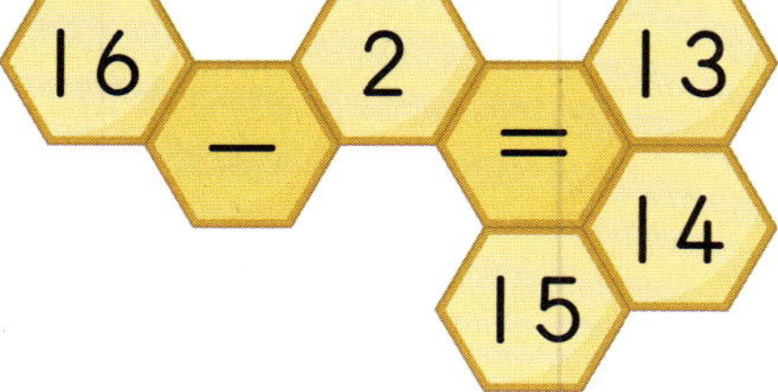

14
18－3＝15
16

18－3＝15

11
17－6＝
12
13

12
19－7＝
13
14

공부한 날
월
일
참 잘했어요

15
18－1＝
16
17

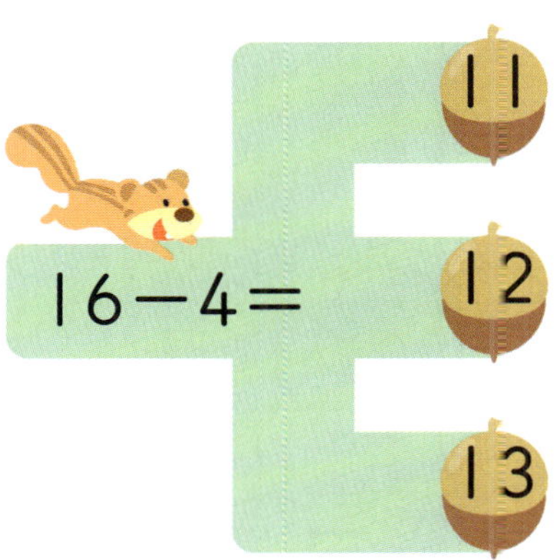

11
16－4＝
12
13

▲ 그림을 보고 뺄셈을 하세요.

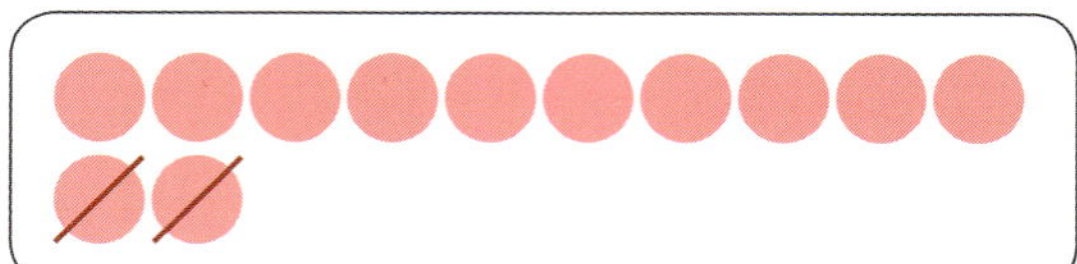

$$12 - 2 = \boxed{}$$

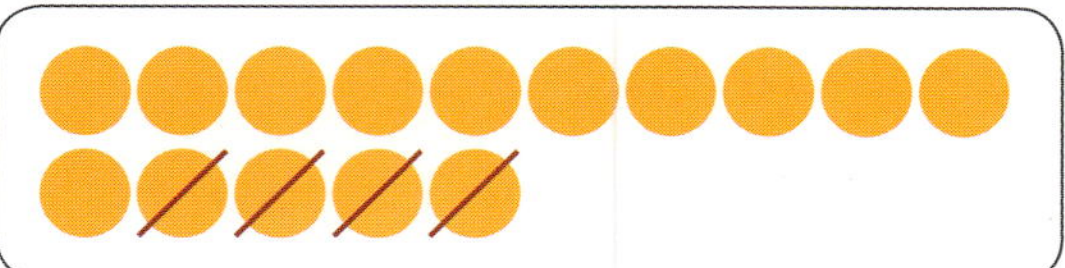

$$15 - 4 = \boxed{}$$

$$16 - 4 = \boxed{}$$

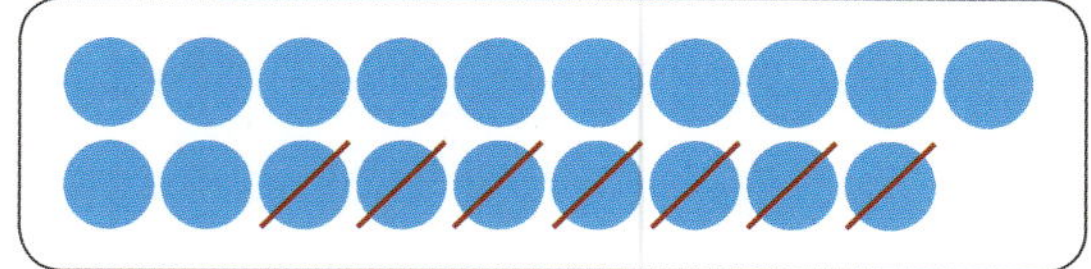

$$19 - 7 = \boxed{}$$

▲ ☐ 안에 알맞은 수를 쓰세요.

$$14 - 2 = \boxed{}$$

$$16 - 3 = \boxed{}$$

$$17 - 2 = \boxed{}$$

$$19 - 5 = \boxed{}$$

🌲 뺄셈을 하세요.

	1	2
−		1

	1	8
−		6

	1	5
−		5

	1	7
−		3

	1	9
−		2

	1	8
−		7

공부한 날

월

일

🌲 그림을 보고 ◯ 안에 알맞은 수를 쓰세요.

$14 - \boxed{} = 11$

$17 - \boxed{} = 13$

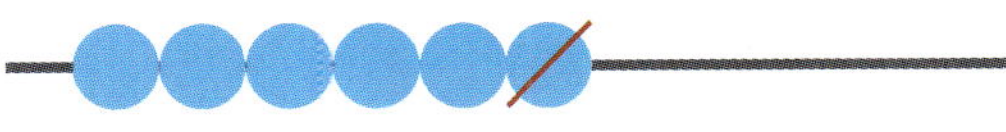

$16 - \boxed{} = 15$

$18 - \boxed{} = 12$

연산력 게임

QR코드를 찍으면 다양한 연산 게임을 할 수 있어요.

칙칙폭폭 뺄셈 기차

칙칙폭폭~ 뺄셈을 하여 기차를 완성하세요.

아래쪽에서 알맞은 기차를 찾아 손가락으로 끌어서 빈 곳에 넣으세요. ||을 넣으면 정답입니다.

게임기에 나타난 뺄셈을 해 보세요.

시작 버튼을 누르면 게임기가 돌아간 후 문제가 나옵니다. 뺄셈을 하여 아래쪽에서 정답을 누르세요. |4를 누르면 정답입니다.

손잡이를 내려요

10을 이용한 빼기 (1)

▶ 연산 보충 학습(104~105쪽)에서 더 풀어 보세요.

학부모 지도 가이드

덧셈과 뺄셈의 지도에 앞서 합과 차의 개념을 자연스럽게 형성시키기 위하여 가르기 활동과 모으기 활동을 하였습니다. 이 차시에서는 10을 이용한 뺄셈을 하기 위해 주어진 수를 10과 어떤 수로 갈라 봅니다.

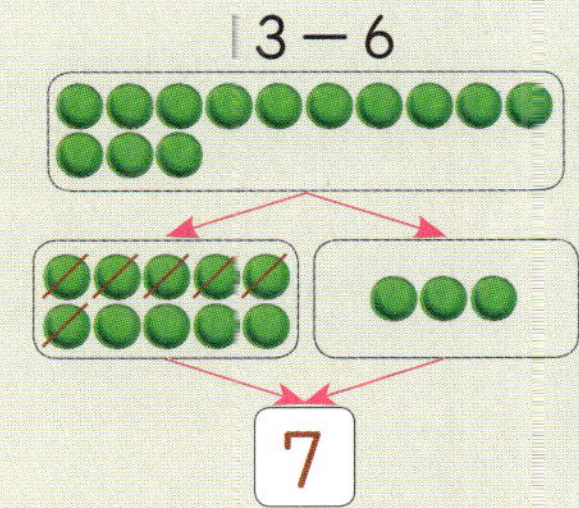

🌳 그림을 보고 ☐ 안에 알맞은 수를 쓰세요.

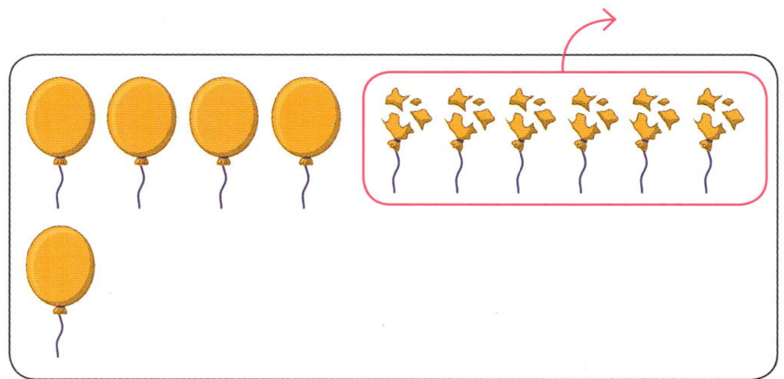

$$10 - 6 + 1 = \boxed{}$$

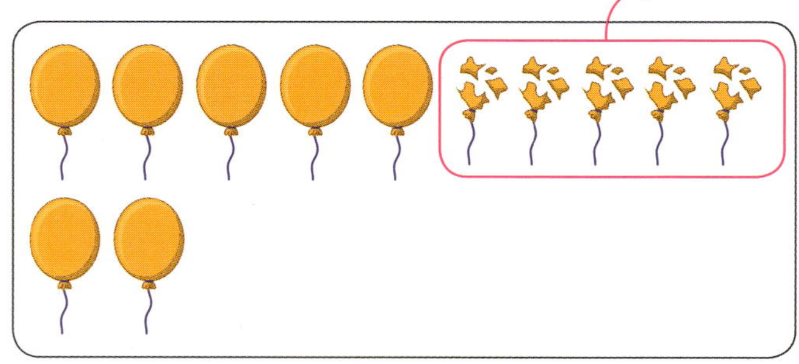

$$10 - 5 + 2 = \boxed{}$$

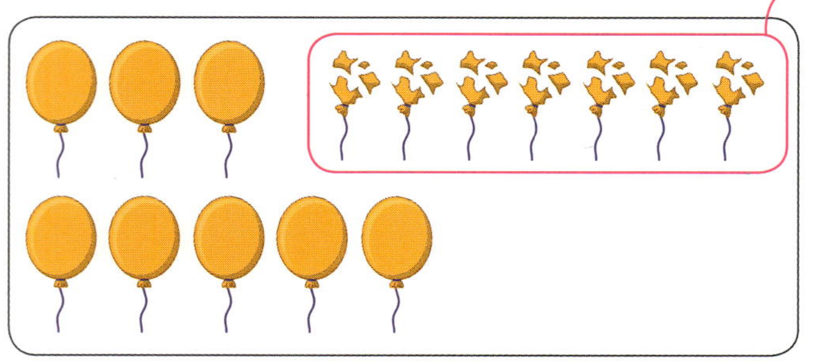

$$10 - 7 + 5 = \boxed{}$$

🌳 빼는 수만큼 ／로 지우고 더하는 수만큼 색칠하여 계산을 하세요.

$$10 - 6 + 2 = 6$$

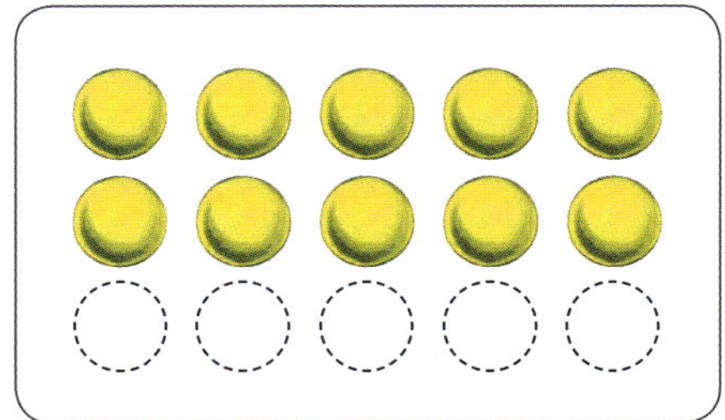

$$10 - 5 + 4 = \boxed{}$$

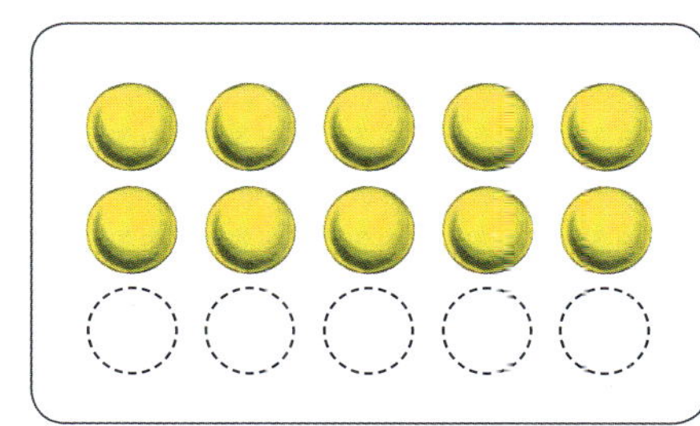

$$10 - 4 + 1 = \boxed{}$$

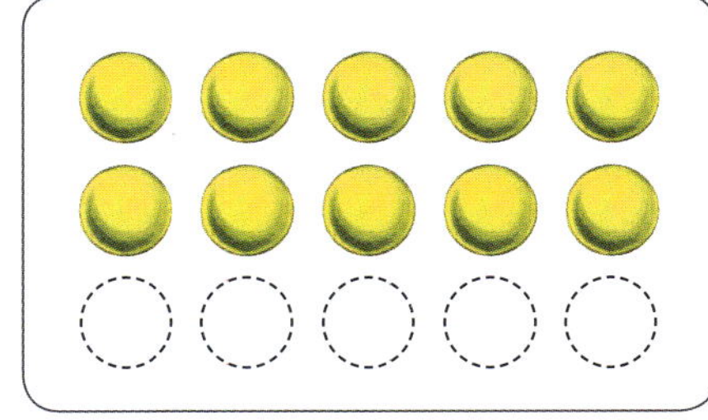

$$10 - 6 + 4 = \boxed{}$$

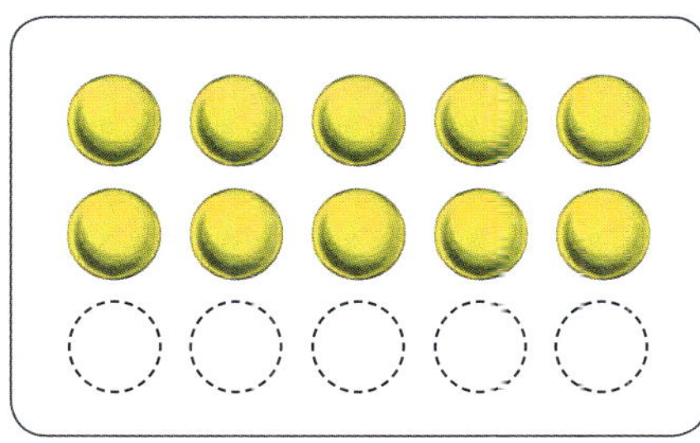

$$10 - 3 + 1 = \boxed{}$$

$$10 - 4 + 2 = \boxed{8}$$
$$6 \quad + 2 = \boxed{8}$$

● ☐ 안에 알맞은 수를 쓰세요.

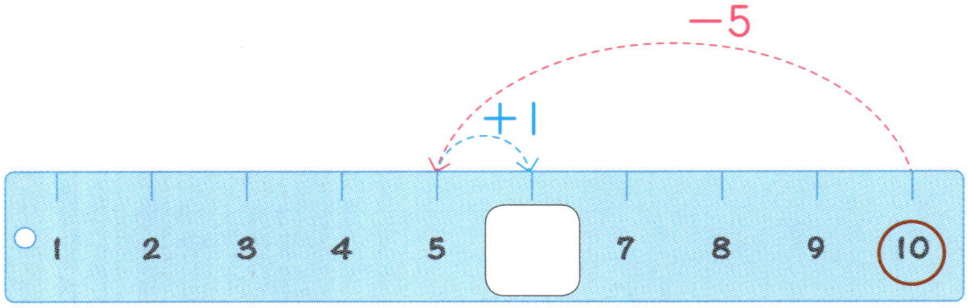

$$10 - 5 + 1 = \boxed{}$$
$$5 \quad + 1 = \boxed{}$$

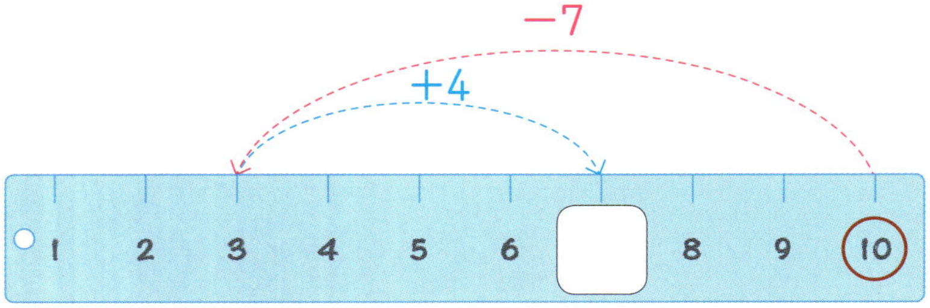

$$10 - 7 + 4 = \boxed{}$$
$$3 \quad + 4 = \boxed{}$$

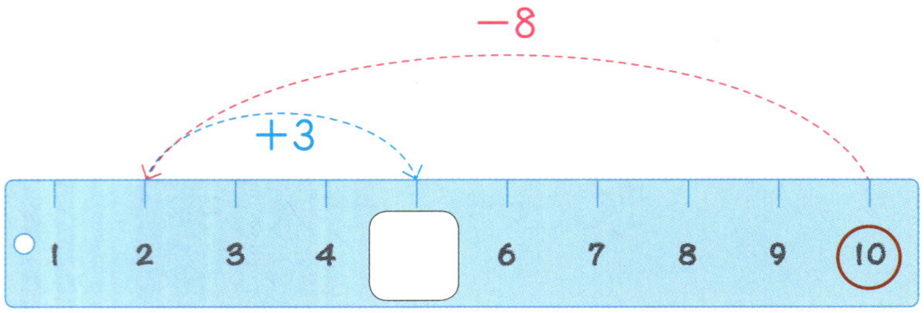

$$10 - 8 + 3 = \boxed{}$$
$$2 \quad + 3 = \boxed{}$$

🌳 ⬜ 안에 알맞은 수를 쓰세요.

$$10 - 7 + 2 = \boxed{5}$$

$$\boxed{3} \quad + 2 = \boxed{5}$$

$$10 - 2 + 1 = \boxed{}$$

$$\boxed{8} \quad + 1 = \boxed{}$$

$$10 - 4 + 2 = \boxed{}$$

$$\boxed{} \quad + 2 = \boxed{}$$

$$10 - 6 + 3 = \boxed{}$$

$$\boxed{} \quad + 3 = \boxed{}$$

$$10 - 9 + 2 = \boxed{}$$

$$\boxed{} \quad + 2 = \boxed{}$$

$$10 - 8 + 4 = \boxed{}$$

$$\boxed{} \quad + 4 = \boxed{}$$

$$10 - 7 + 1 = \boxed{}$$

$$\boxed{} \quad + 1 = \boxed{}$$

앞의 수를 갈라 10 만들어 빼기 (1)

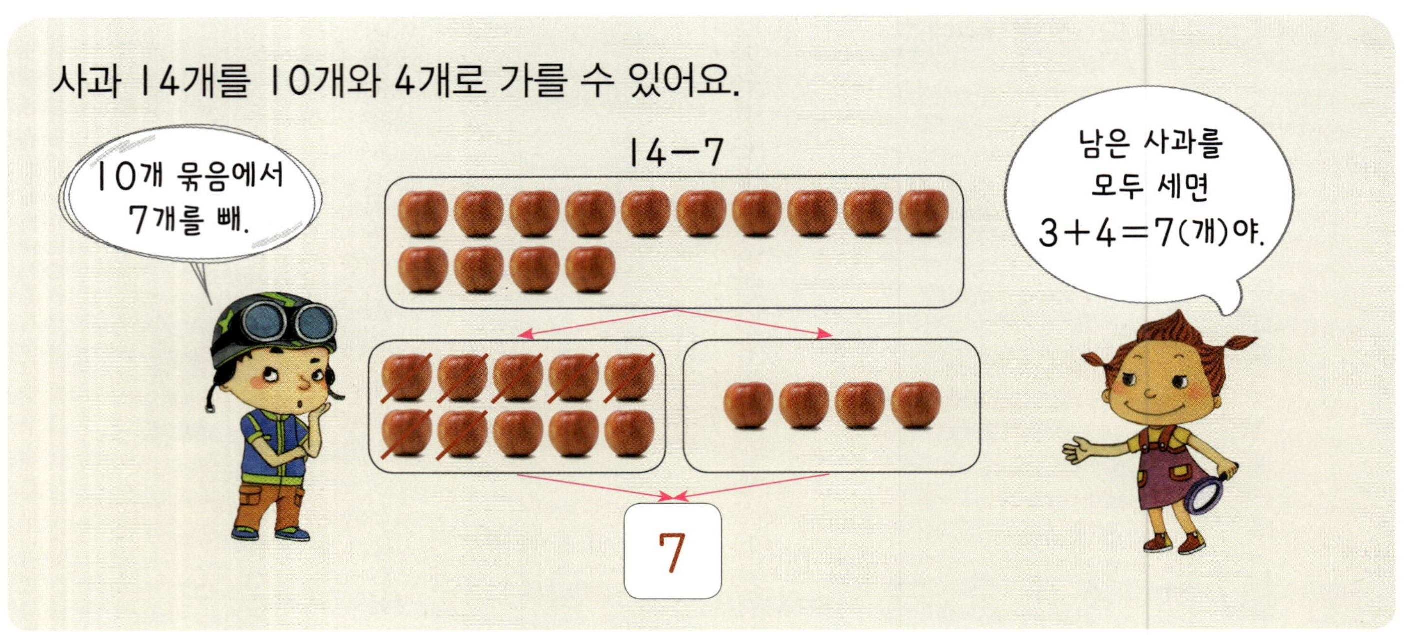

🌳 남은 귤의 수를 모두 세어 ◻ 안에 쓰세요.

13-4

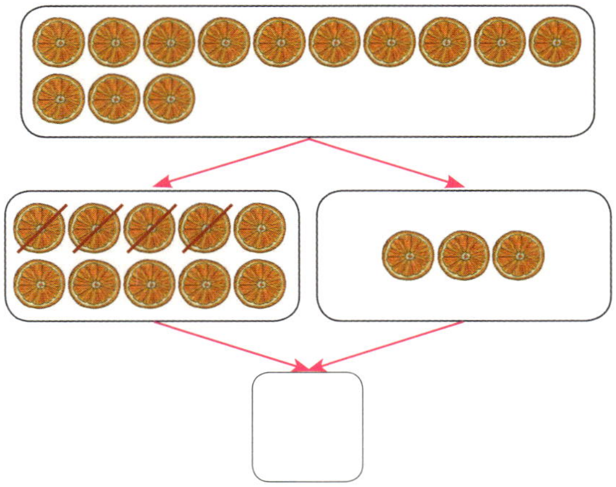

11-7

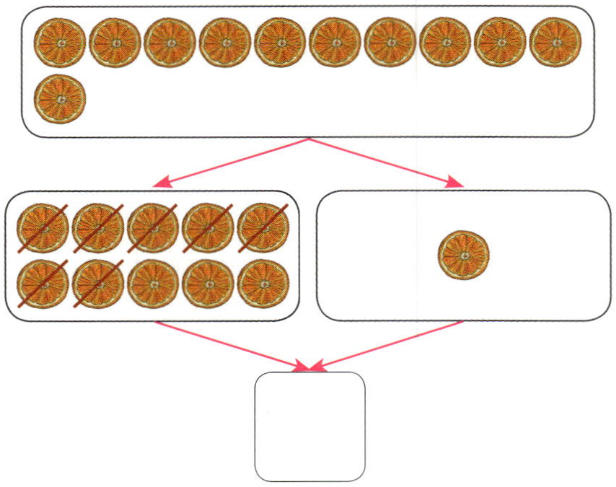

16-8

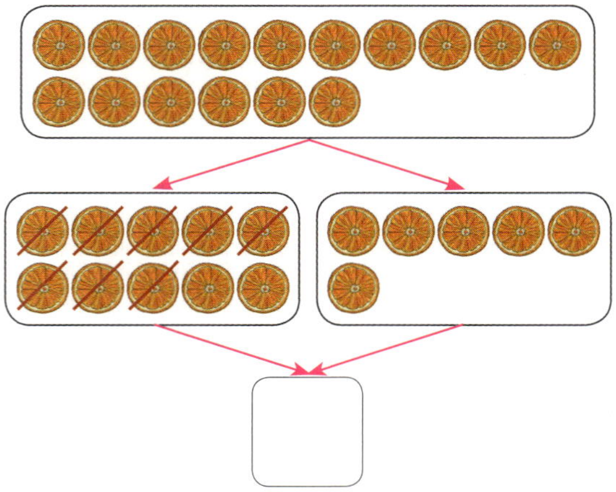

12-6

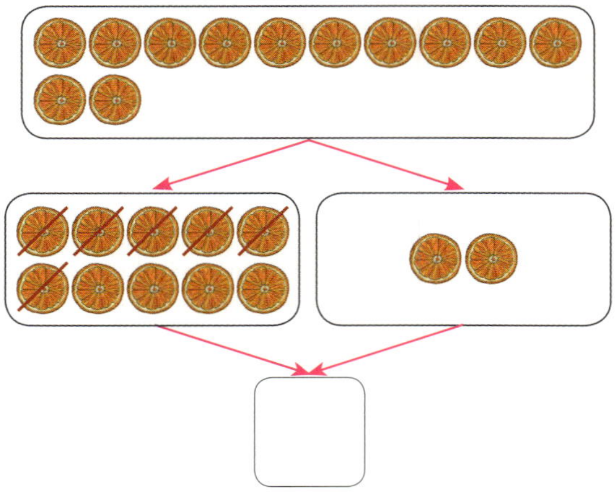

🌲 10개 묶음에서 빼는 수만큼 ╱로 지우고 ☐ 안에 알맞은 수를 쓰세요.

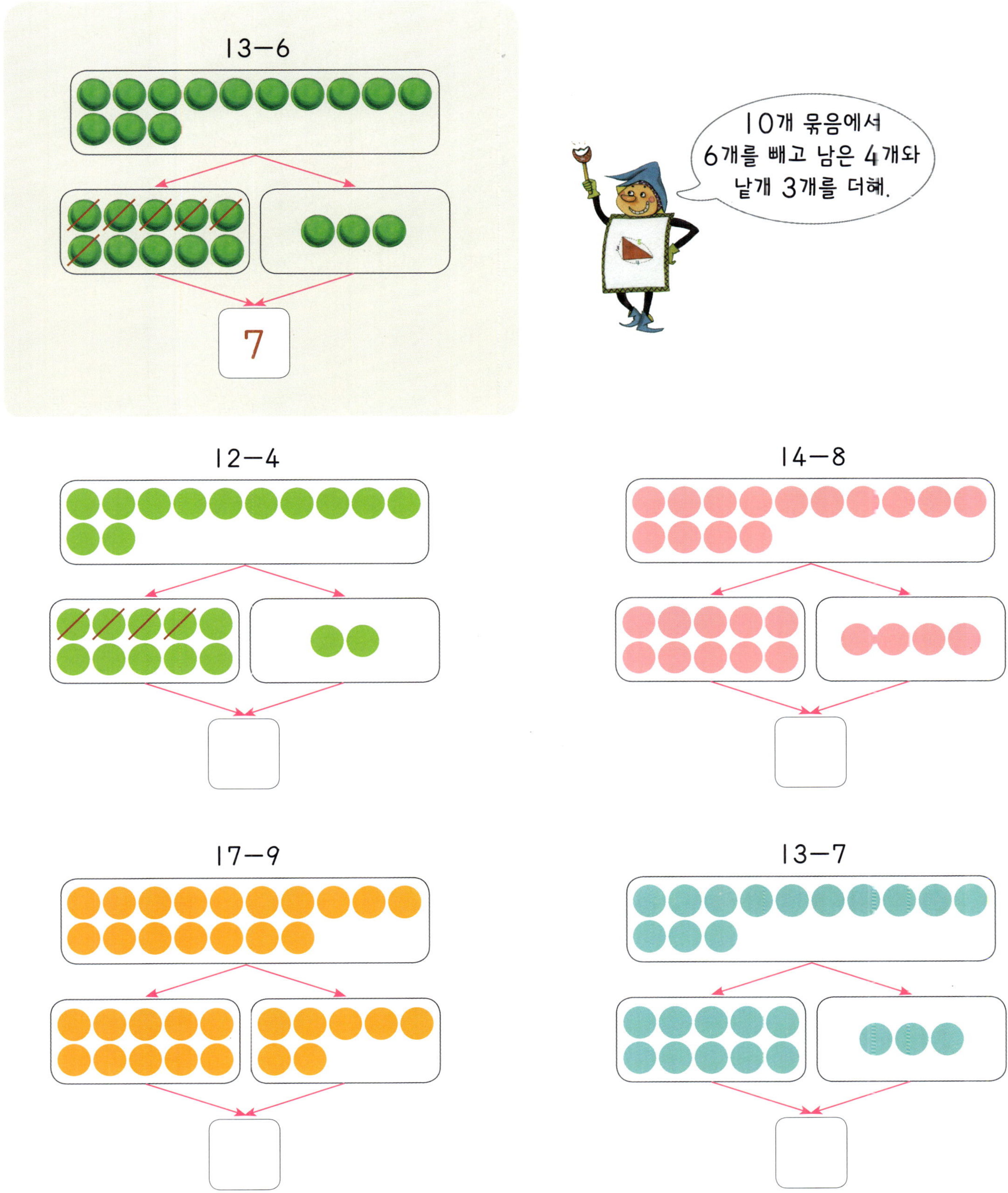

13-6
7
10개 묶음에서
6개를 빼고 남은 4개와
낱개 3개를 더해.
12-4
14-8
17-9
13-7

태경이가 사과나무에서 사과를 따고 남은 수를 구해요.

🌱 사과가 10개 달린 나무에서 빼는 사과의 수만큼 /로 지우고 ◯ 안에 알맞은 수를 쓰세요.

13 - 5

남은 사과: ☐ 개

🌳 **Ｉ0개 묶음에서 빼는 수만큼 ╱로 지우고 뺄셈을 하세요.**

$$15 - 8 = \boxed{7}$$

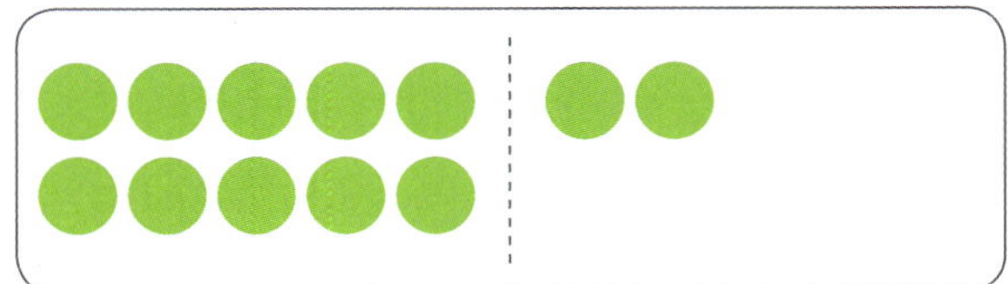

$$12 - 5 = \boxed{}$$

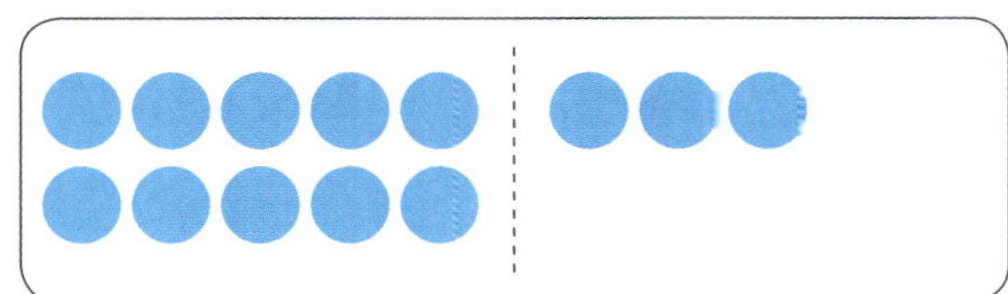

$$13 - 4 = \boxed{}$$

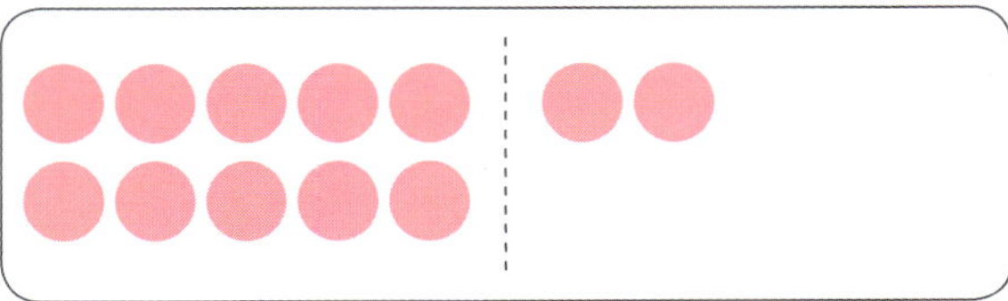

$$12 - 8 = \boxed{}$$

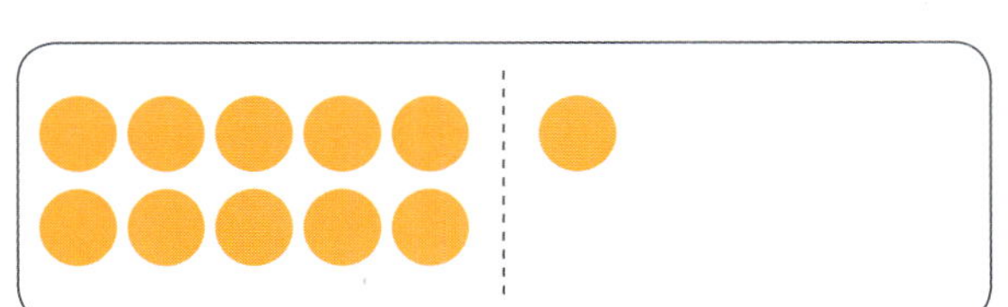

$$11 - 5 = \boxed{}$$

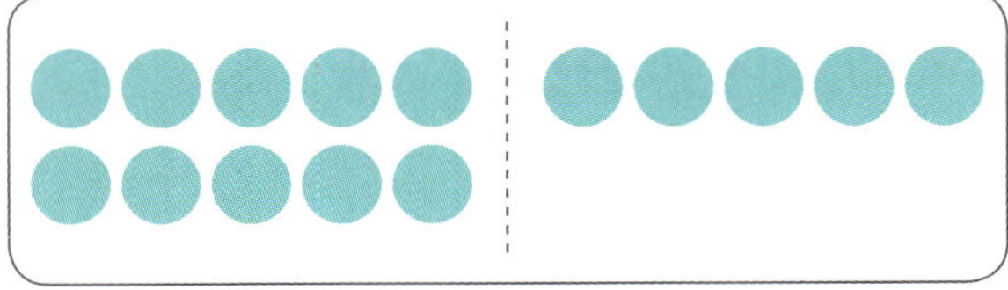

$$15 - 6 = \boxed{}$$

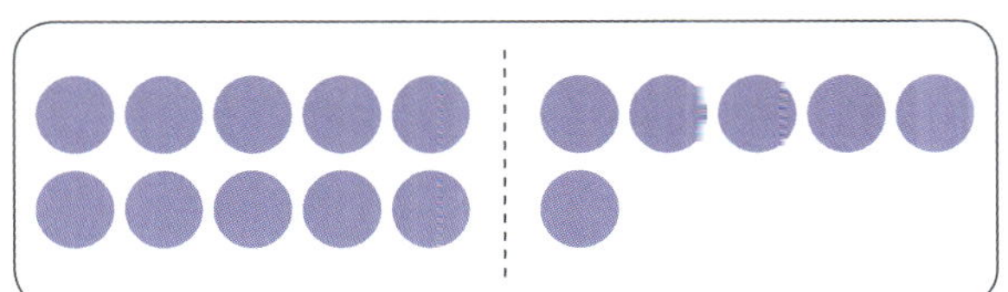

$$16 - 9 = \boxed{}$$

공부한 날

월

일

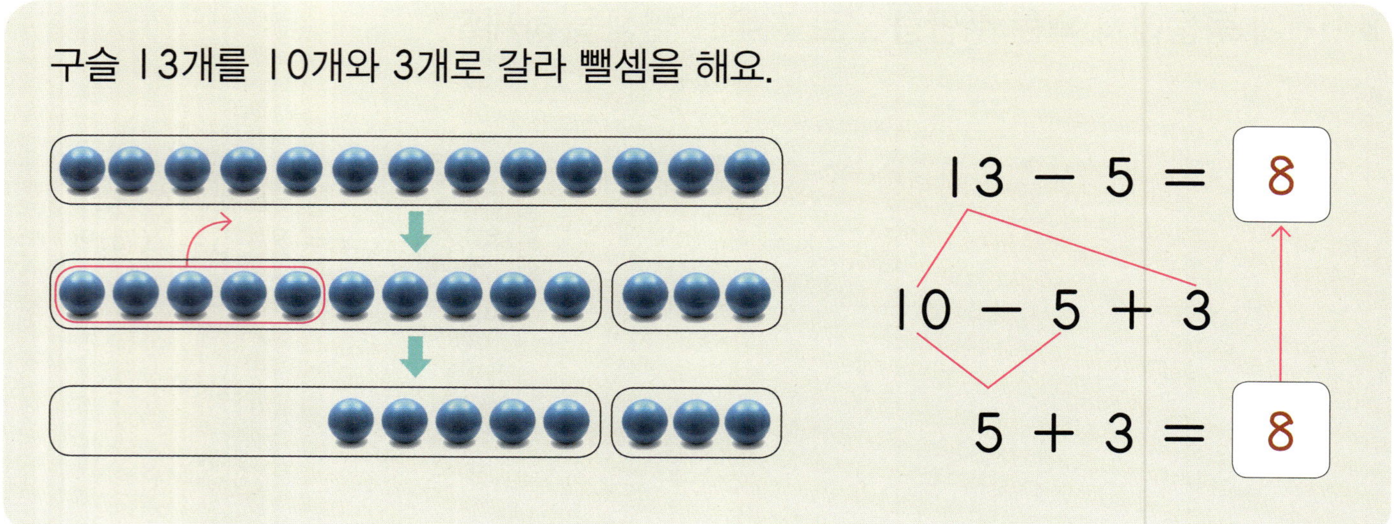

구슬 13개를 10개와 3개로 갈라 뺄셈을 해요.

$$13 - 5 = \boxed{8}$$

$$10 - 5 + 3$$

$$5 + 3 = \boxed{8}$$

🌳 그림을 보고 ◯ 안에 알맞은 수를 쓰세요.

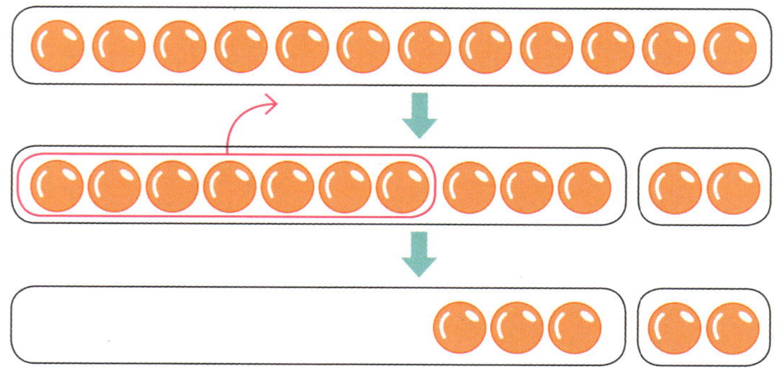

$$12 - 7 = \boxed{}$$

$$10 - 7 + 2$$

$$3 + 2 = \boxed{}$$

$$14 - 8 = \boxed{}$$

$$10 - 8 + 4$$

$$2 + 4 = \boxed{}$$

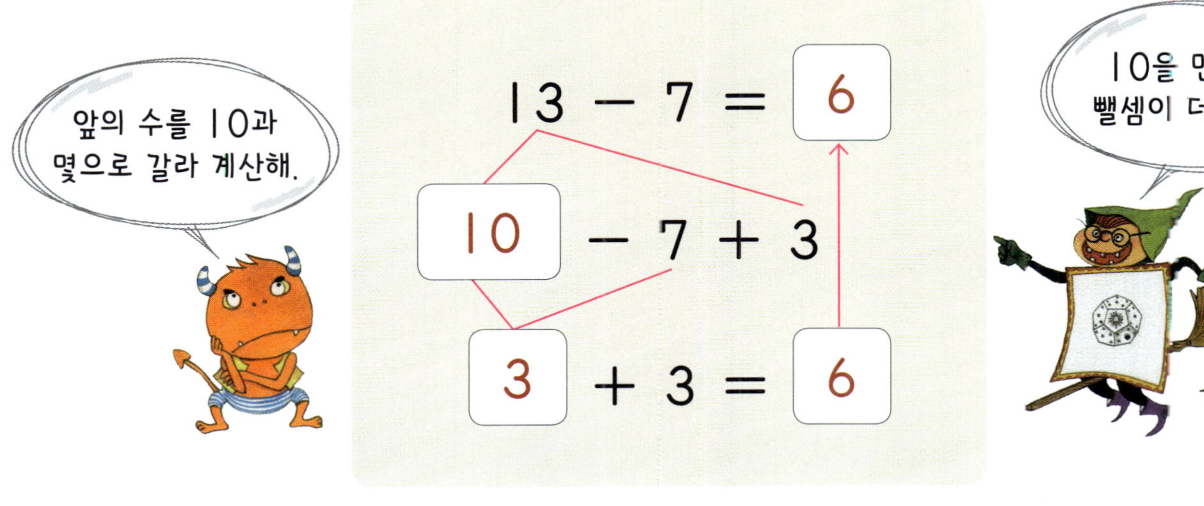

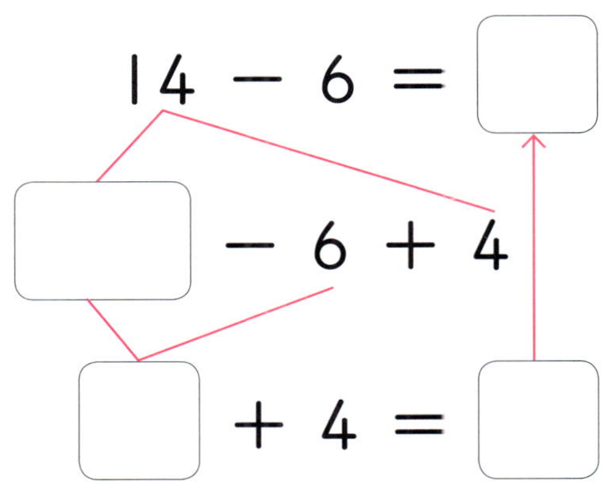

● ☐ 안에 알맞은 수를 쓰세요.

$$11 - 4 = \boxed{}$$
$$\boxed{} - 4 + 1$$
$$\boxed{} + 1 = \boxed{}$$

$$14 - 6 = \boxed{}$$
$$\boxed{} - 6 + 4$$
$$\boxed{} + 4 = \boxed{}$$

$$12 - 8 = \boxed{}$$
$$10 - 8 + \boxed{}$$
$$\boxed{} + 2 = \boxed{}$$

$$16 - 7 = \boxed{}$$
$$10 - 7 + \boxed{}$$
$$\boxed{} + 6 = \boxed{}$$

울타리의 맨 앞에 있는 수를 10과 몇으로 갈라 뺄셈을 할 수 있어요.

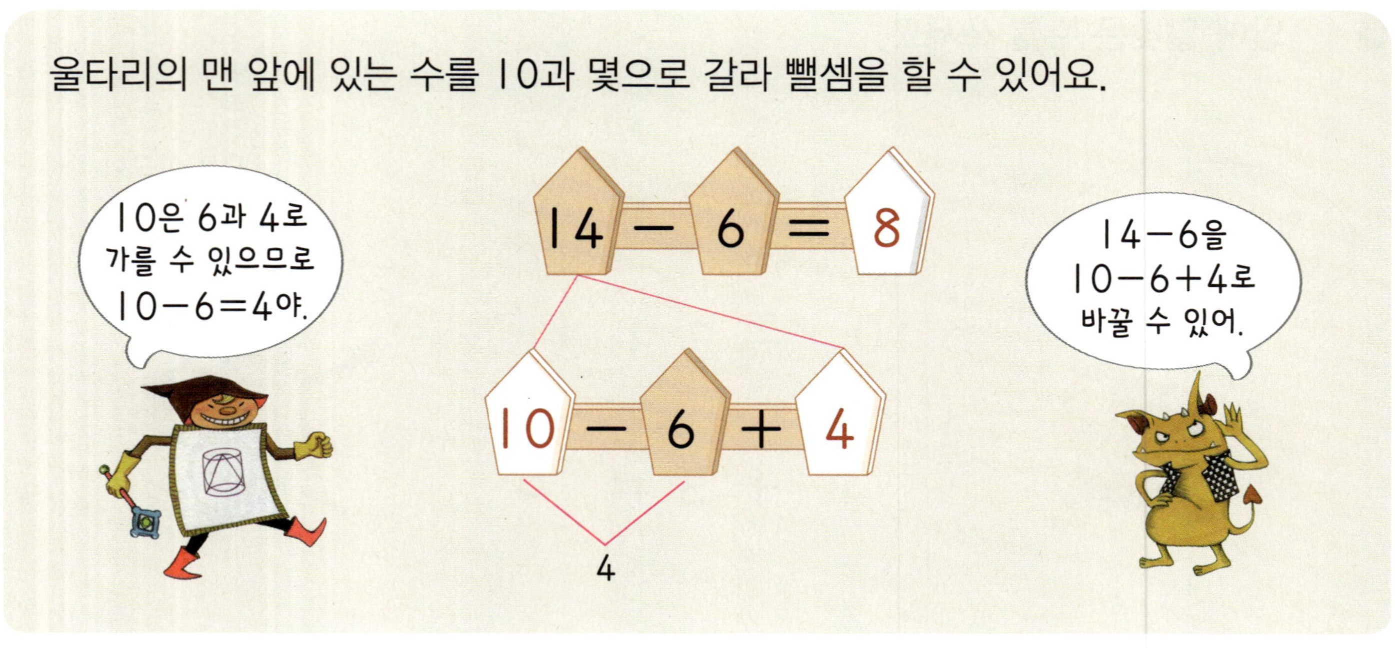

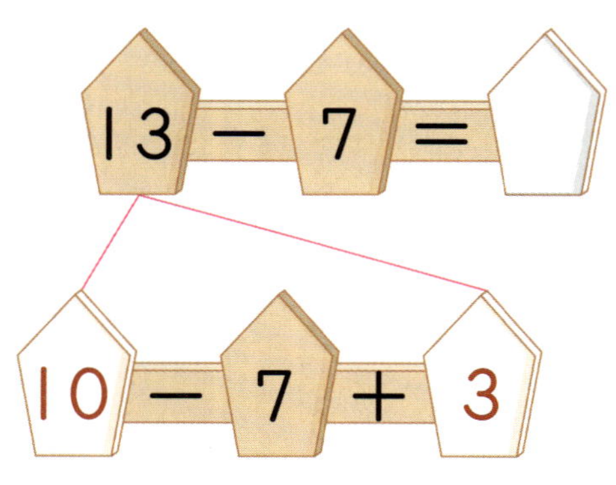

🌳 앞의 수를 10과 몇으로 가르고 빈 곳에 알맞은 수를 쓰세요.

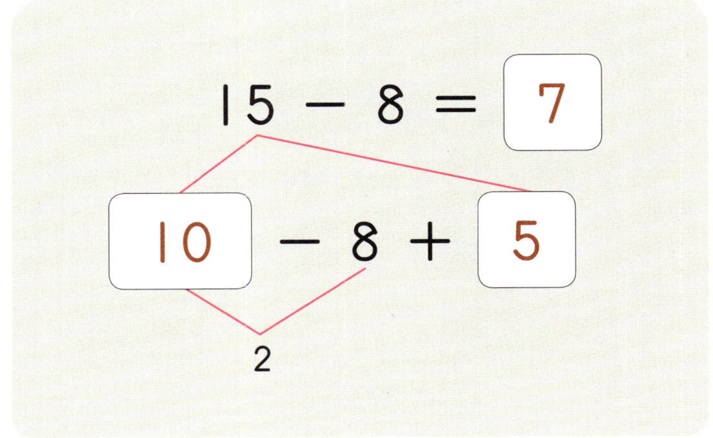

$$15 - 8 = \boxed{7}$$
$$\boxed{10} - 8 + \boxed{5}$$
$$2$$

$$12 - 4 = \boxed{}$$
$$\boxed{10} - 4 + \boxed{2}$$

$$11 - 3 = \boxed{}$$
$$\boxed{} - 3 + \boxed{}$$

$$15 - 7 = \boxed{}$$
$$\boxed{} - 7 + \boxed{}$$

$$13 - 8 = \boxed{}$$
$$\boxed{} - 8 + \boxed{}$$

$$11 - 5 = \boxed{}$$
$$\boxed{} - 5 + \boxed{}$$

$$17 - 9 = \boxed{}$$
$$\boxed{} - 9 + \boxed{}$$

10을 만들어 빼고 빼기

🌳 그림을 보고 ⬜ 안에 알맞은 수를 쓰세요.

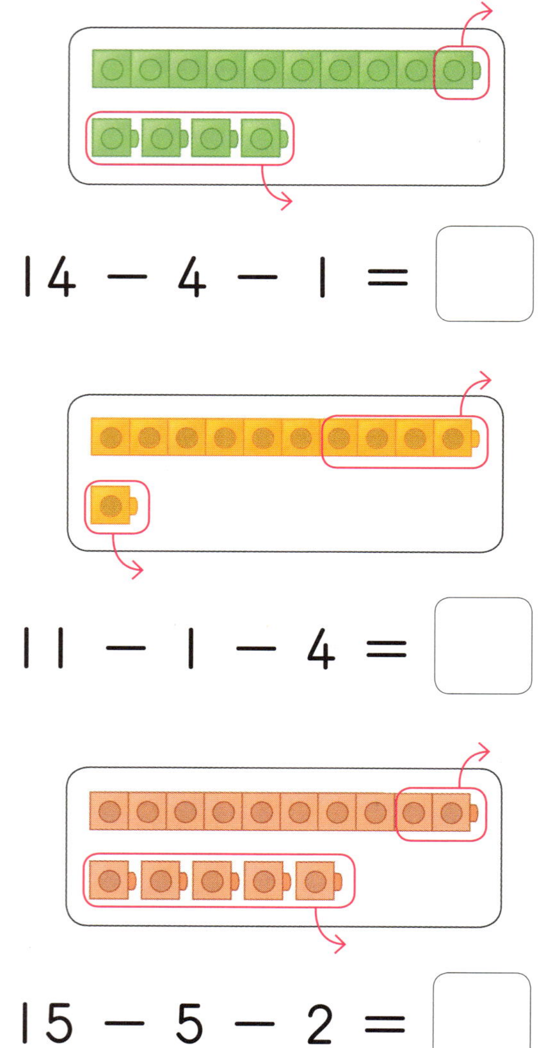

14 − 4 − 1 = ⬜

12 − 2 − 5 = ⬜

11 − 1 − 4 = ⬜

13 − 3 − 7 = ⬜

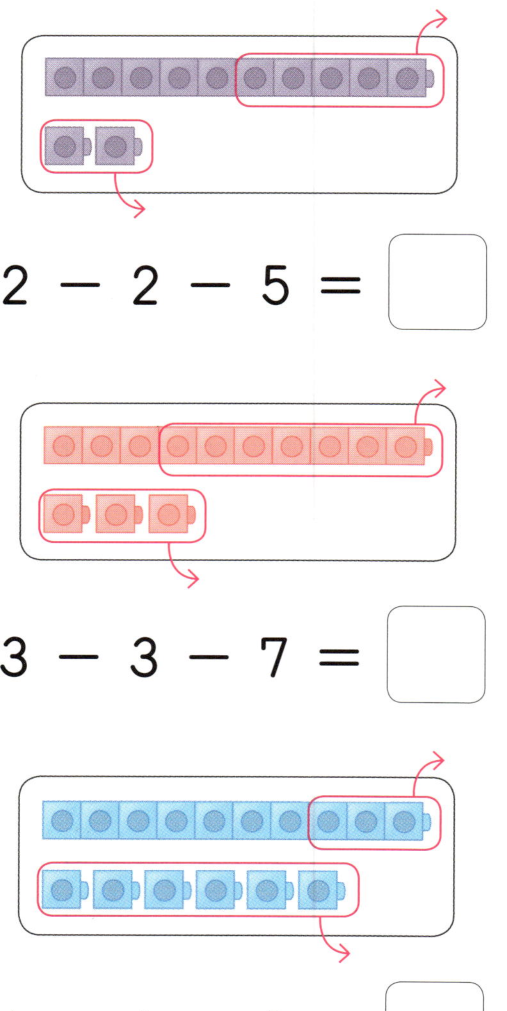

15 − 5 − 2 = ⬜

16 − 6 − 3 = ⬜

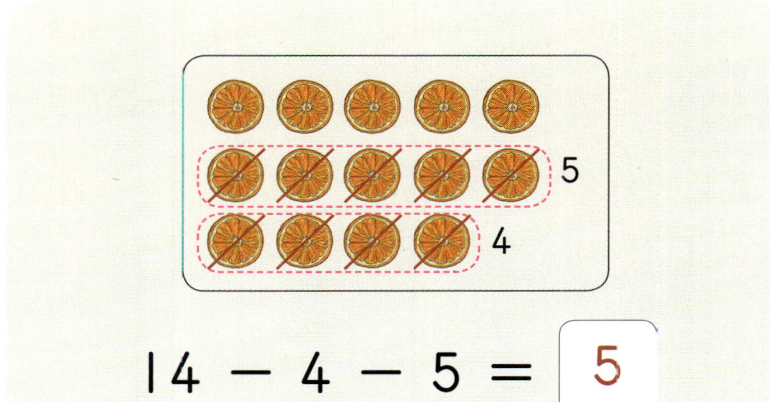

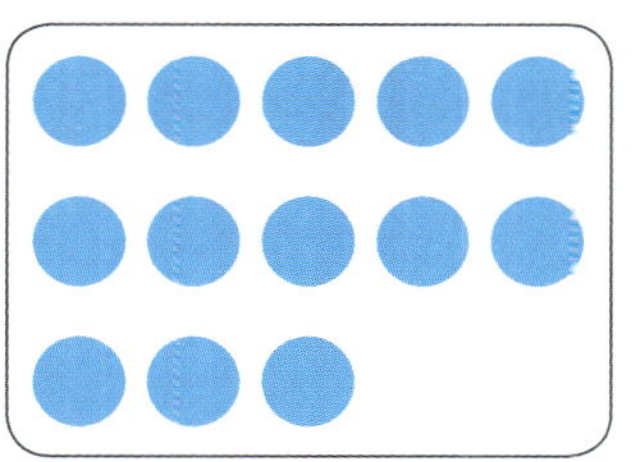

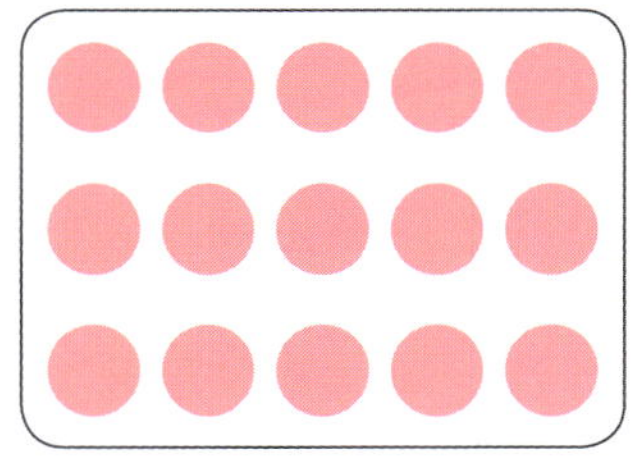

11 − 1 − 4 = ☐

13 − 3 − 6 = ☐

15 − 5 − 1 = ☐

12 − 2 − 5 = ☐

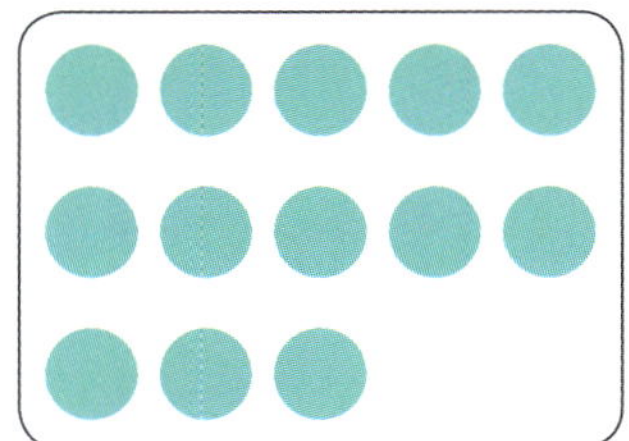

13 − 3 − 7 = ☐

14 − 4 − 3 = ☐

자를 이용하여 뺄셈을 해요.

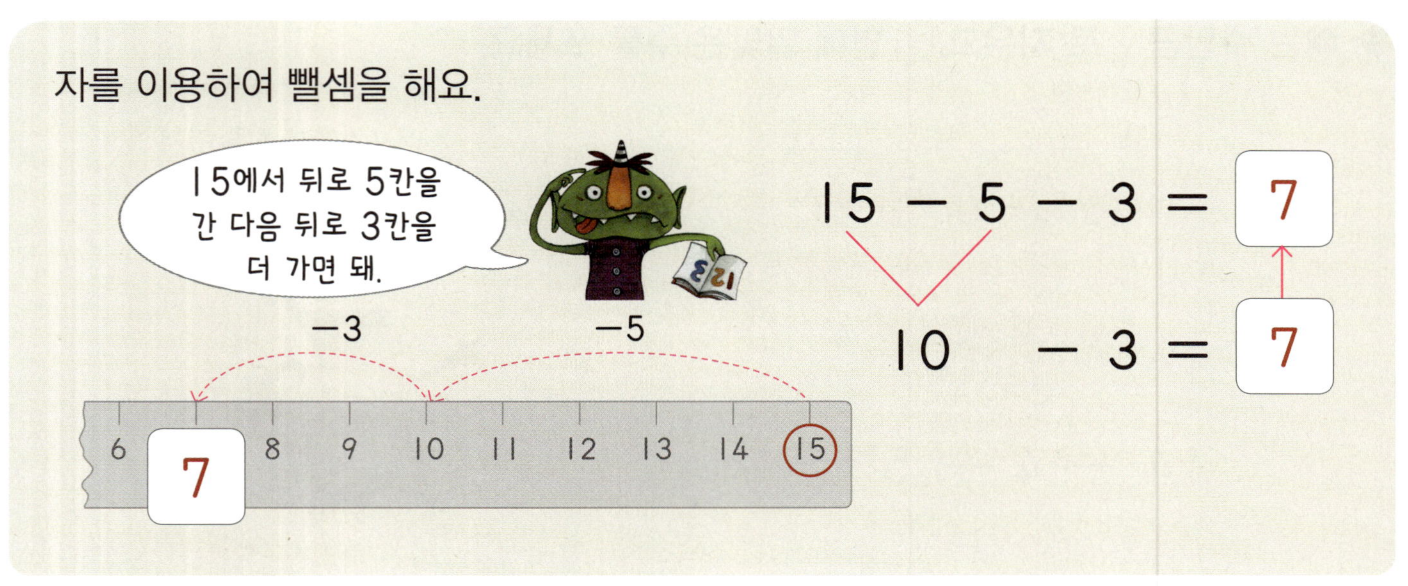

● ☐ 안에 알맞은 수를 쓰세요.

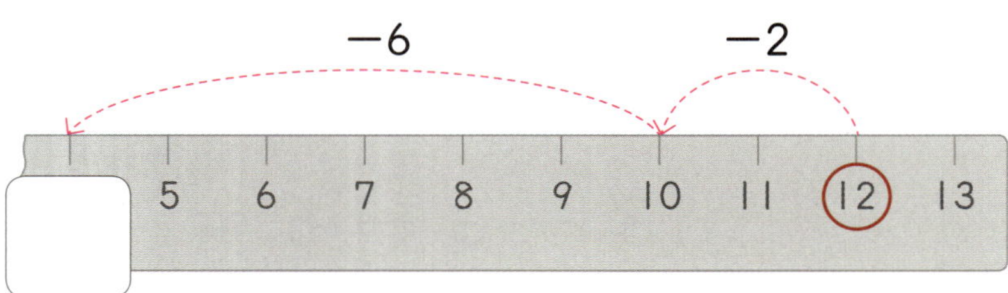

$$12 - 2 - 6 = \boxed{}$$
$$10 \quad\; - 6 = \boxed{}$$

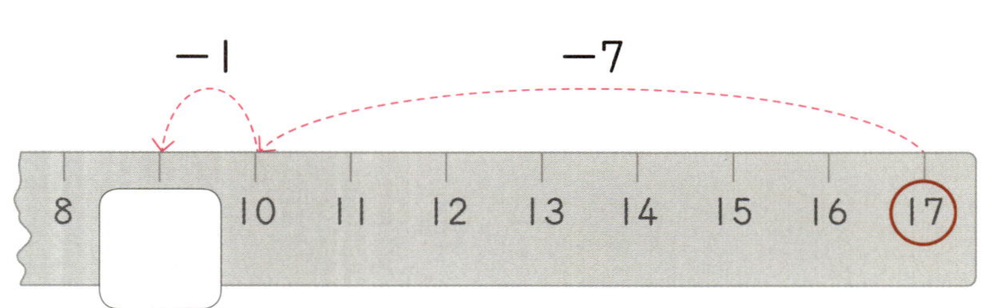

$$17 - 7 - 1 = \boxed{}$$
$$10 \quad\; - 1 = \boxed{}$$

$$14 - 4 - 2 = \boxed{}$$
$$10 \quad\; - 2 = \boxed{}$$

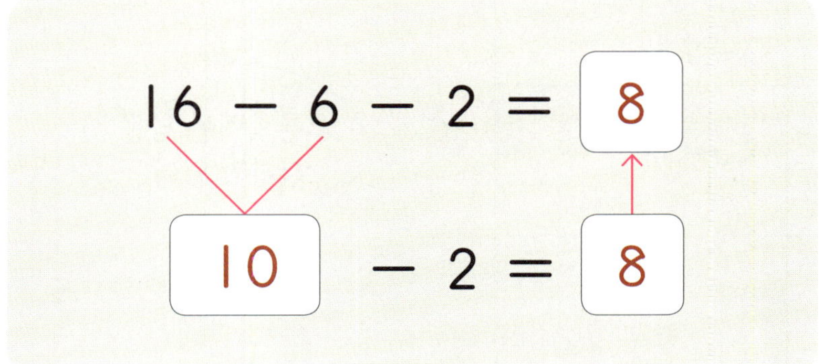

$$11 - 1 - 5 = \boxed{}$$
$$\boxed{} - 5 = \boxed{}$$

$$13 - 3 - 4 = \boxed{}$$
$$\boxed{} - 4 = \boxed{}$$

$$12 - 2 - 6 = \boxed{}$$
$$\boxed{} - 6 = \boxed{}$$

$$16 - 6 - 3 = \boxed{}$$
$$\boxed{} - 3 = \boxed{}$$

$$14 - 4 - 1 = \boxed{}$$
$$\boxed{} - 1 = \boxed{}$$

$$15 - 5 - 2 = \boxed{}$$
$$\boxed{} - 2 = \boxed{}$$

뒤의 수를 갈라 IO 만들어 빼기 (I)

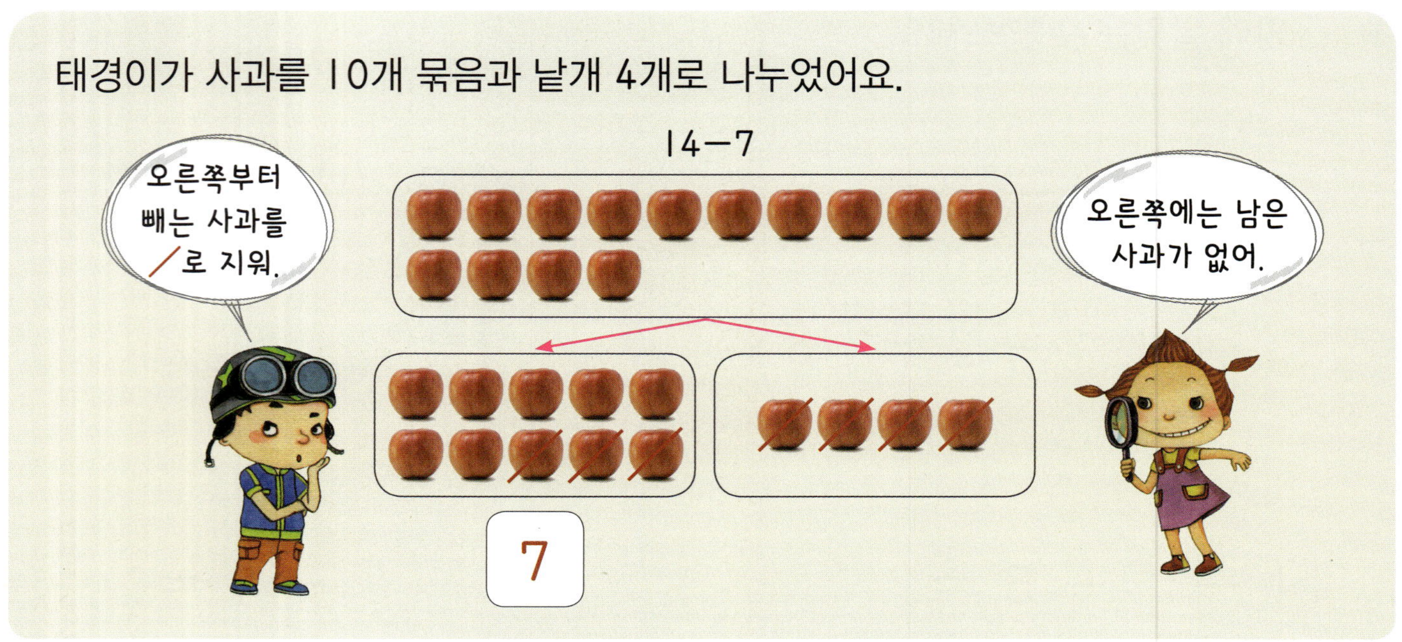

● 남은 귤의 수를 세어 ☐ 안에 쓰세요.

12-6

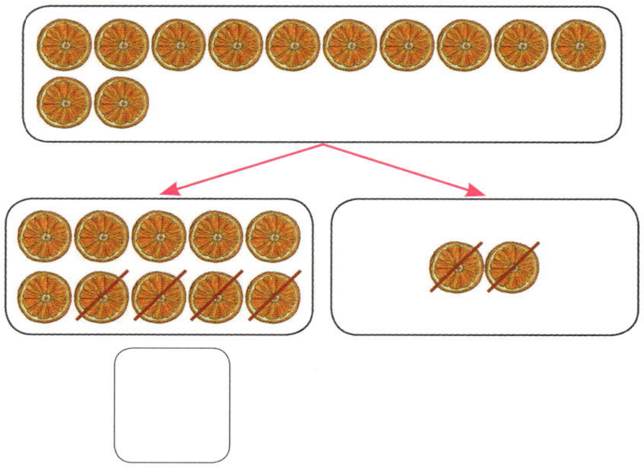

13-4

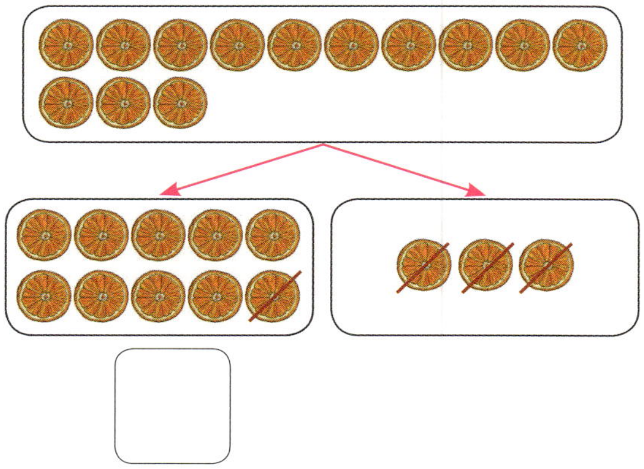

15-8

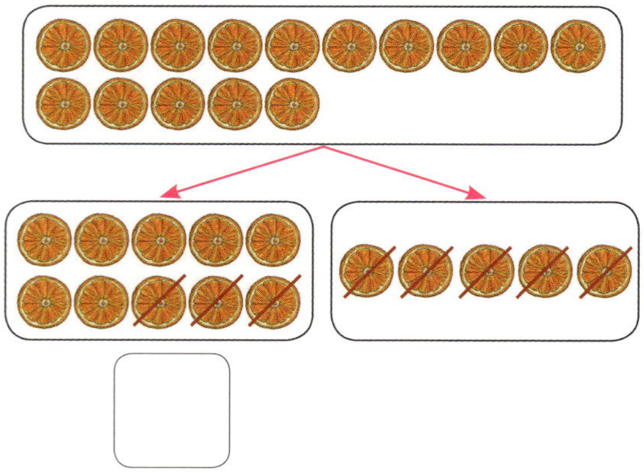

11-7

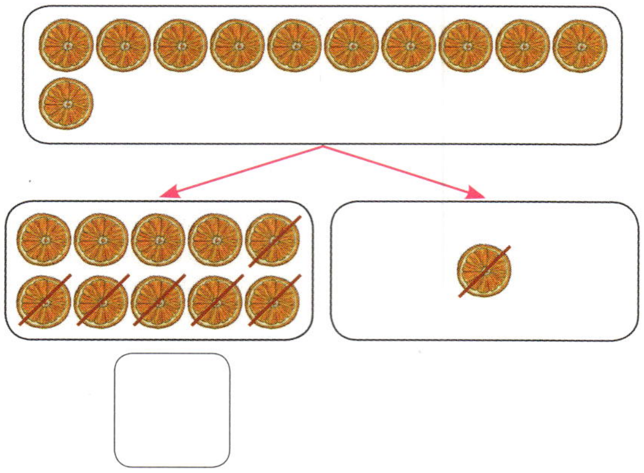

🌳 낱개의 묶음부터 빼는 수만큼 ╱로 지우고 남은 수를 세어 ☐ 안에 알맞은 수를 쓰세요.

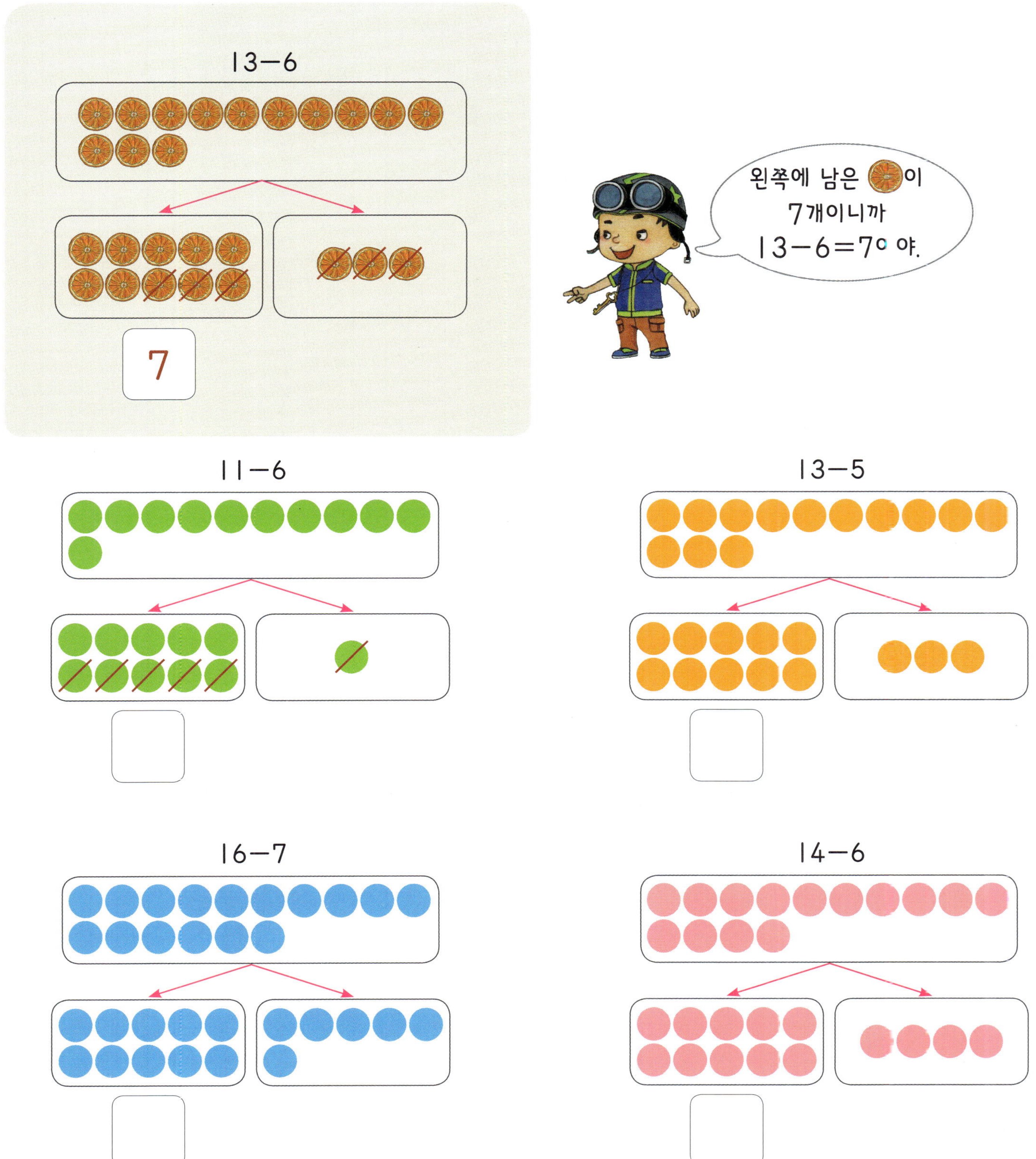

태경이가 사과나무에서 사과를 따고 남은 수를 구해요.

🌱 사과가 적게 달린 사과나무부터 빼는 수만큼 사과를 ／로 지우고 ▢ 안에 알맞은 수를 쓰세요.

18 − 9

남은 사과: ▢ 개

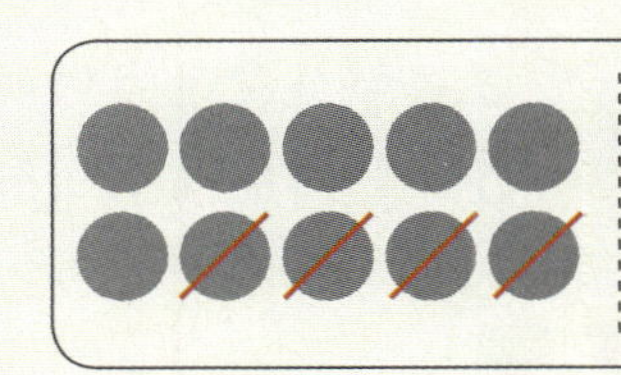

● ⬤가 적은 쪽부터 빼는 수만큼 ╱로 지우고 뺄셈을 하세요.

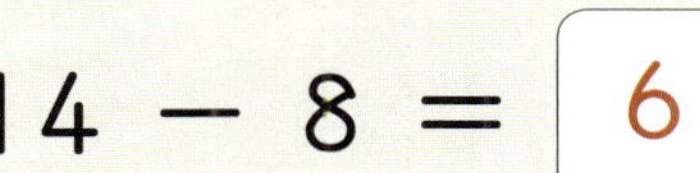

$$14 - 8 = \boxed{6}$$

$$13 - 7 = \boxed{}$$

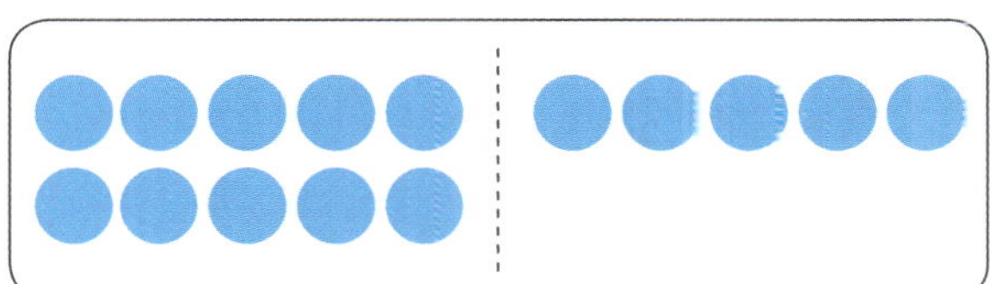

$$15 - 7 = \boxed{}$$

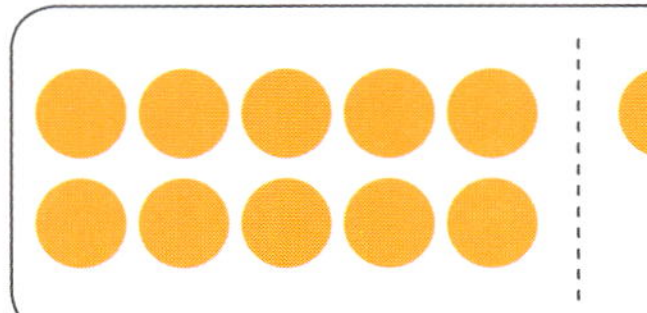

$$11 - 4 = \boxed{}$$

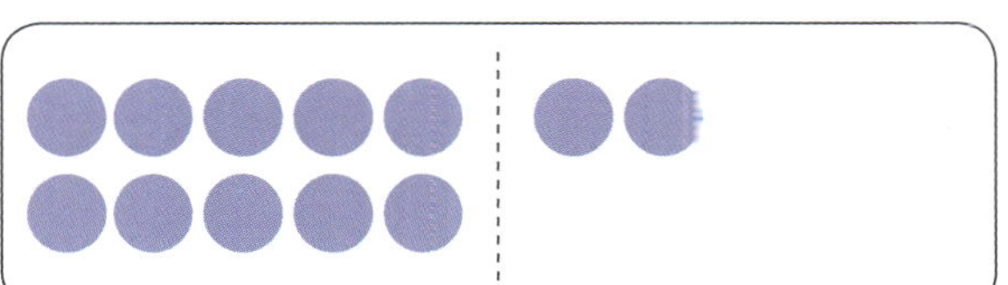

$$12 - 6 = \boxed{}$$

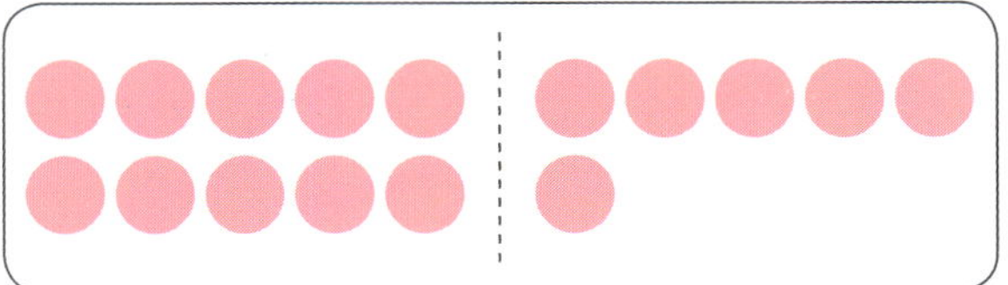

$$16 - 7 = \boxed{}$$

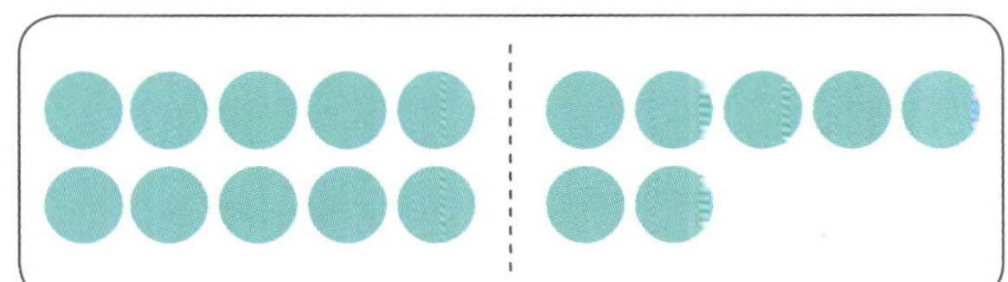

$$17 - 9 = \boxed{}$$

뒤의 수를 갈라 10 만들어 빼기 (2)

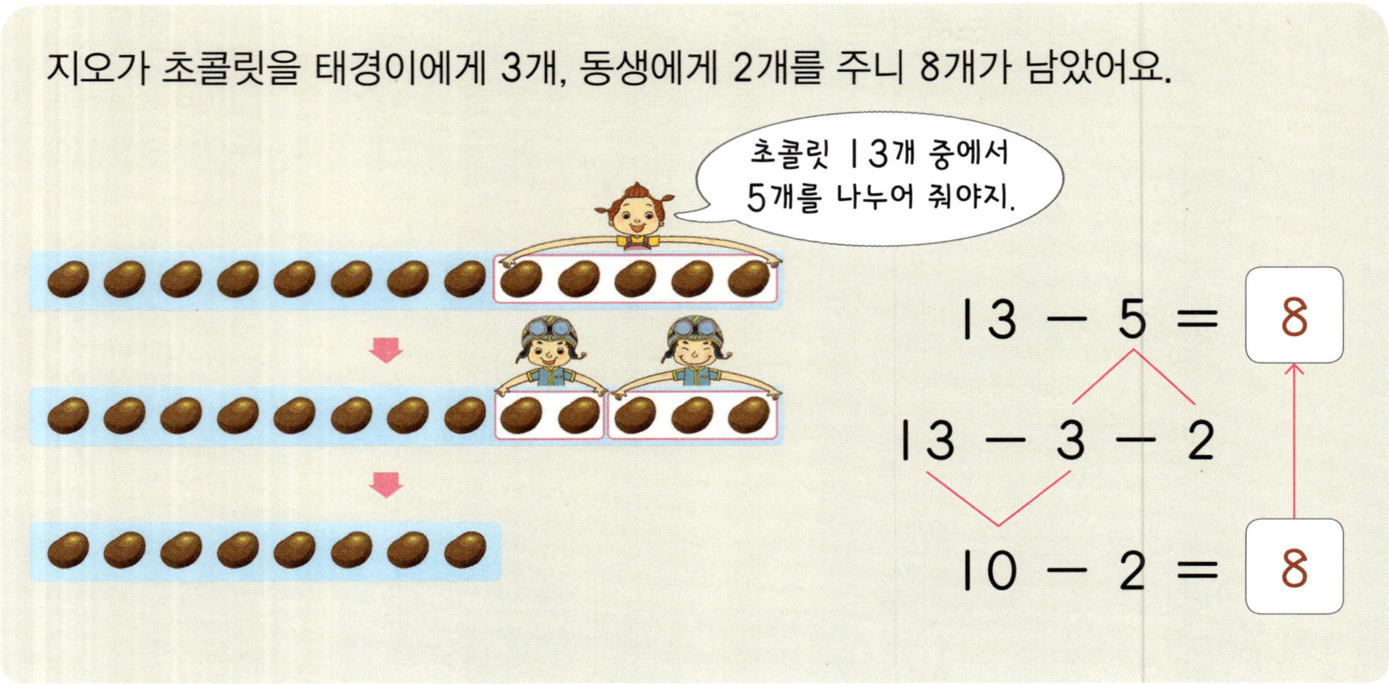

🌳 그림을 보고 ☐ 안에 알맞은 수를 쓰세요.

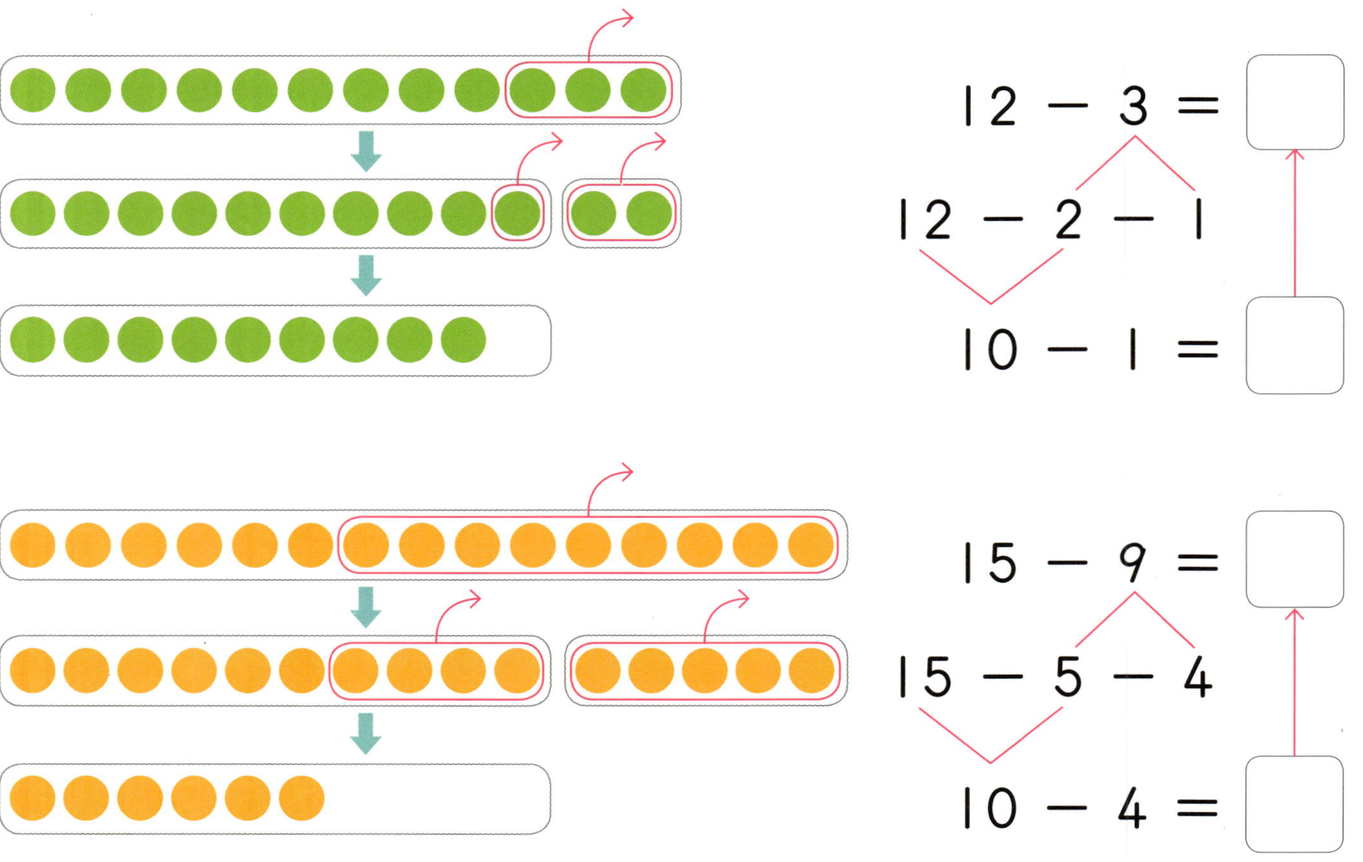

$15 - 8 =$ 7

$15 - 5 -$ 3

10 $- 3 =$ 7

○ 안에 알맞은 수를 쓰세요.

$12 - 5 =$ ☐

$12 - 2 -$ ☐

☐ $- 3 =$ ☐

$16 - 8 =$ ☐

$16 - 6 -$ ☐

☐ $- 2 =$ ☐

$13 - 7 =$ ☐

$13 -$ ☐ $-$ ☐

☐ $- 4 =$ ☐

$11 - 9 =$ ☐

$11 -$ ☐ $-$ ☐

☐ $- 8 =$ ☐

9를 4와 5로 갈라 울타리를 완성해요.

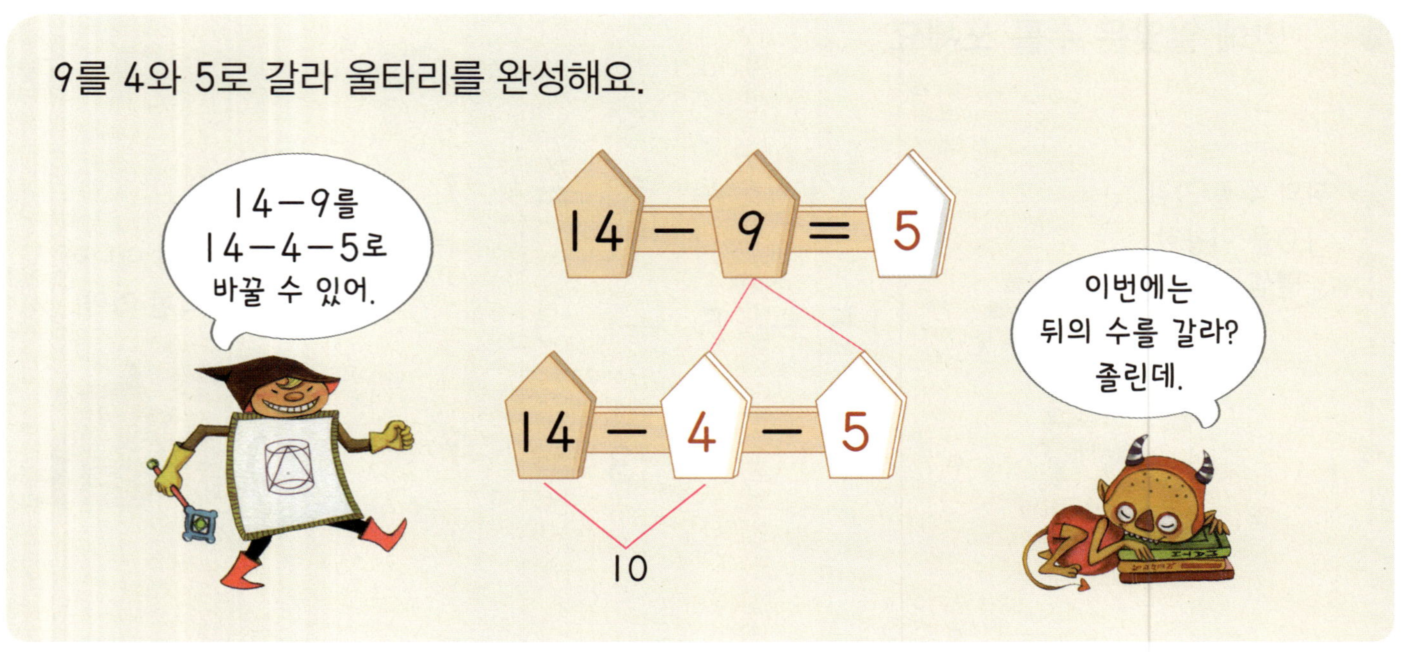

🌳 뒤의 수를 갈라 10을 만들고 빈 곳에 알맞은 수를 쓰세요.

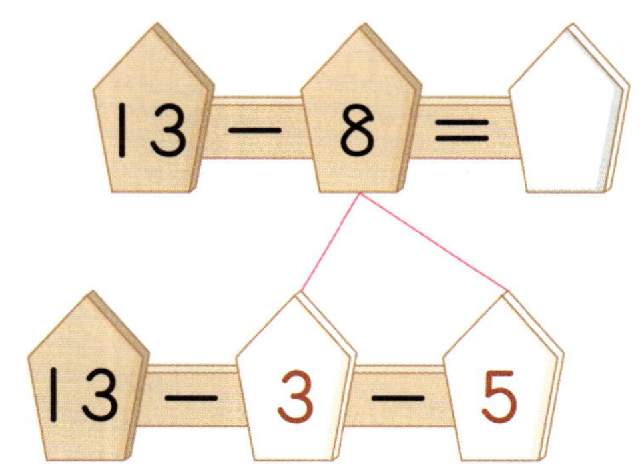

13 − 8 =

13 − 3 − 5

11 − 6 =

11 − ☐ − ☐

17 − 9 =

17 − ☐ − ☐

15 − 7 =

15 − ☐ − ☐

🌳 뒤의 수를 갈라 10을 만들고 ☐ 안에 알맞은 수를 쓰세요.

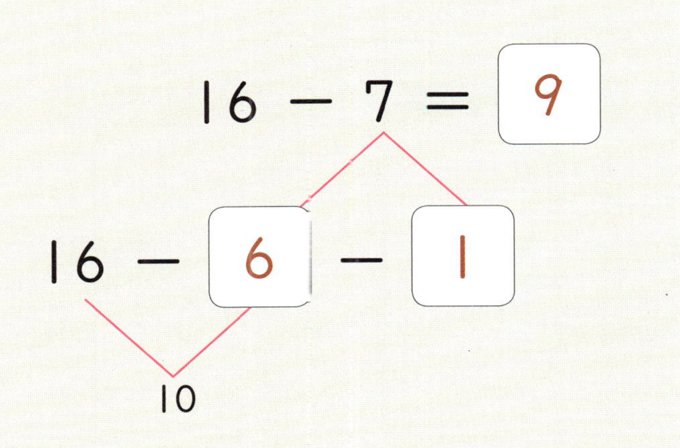

$$15 - 9 = \boxed{}$$
$$15 - \boxed{5} - \boxed{}$$

$$12 - 8 = \boxed{}$$
$$12 - \boxed{} - \boxed{}$$

$$11 - 2 = \boxed{}$$
$$11 - \boxed{} - \boxed{}$$

$$13 - 6 = \boxed{}$$
$$13 - \boxed{} - \boxed{}$$

$$18 - 9 = \boxed{}$$
$$18 - \boxed{} - \boxed{}$$

$$14 - 7 = \boxed{}$$
$$14 - \boxed{} - \boxed{}$$

공부한 날
월
일

🌲 빼는 수만큼 /로 지우고 더하는 수만큼 색칠하여 계산을 하세요.

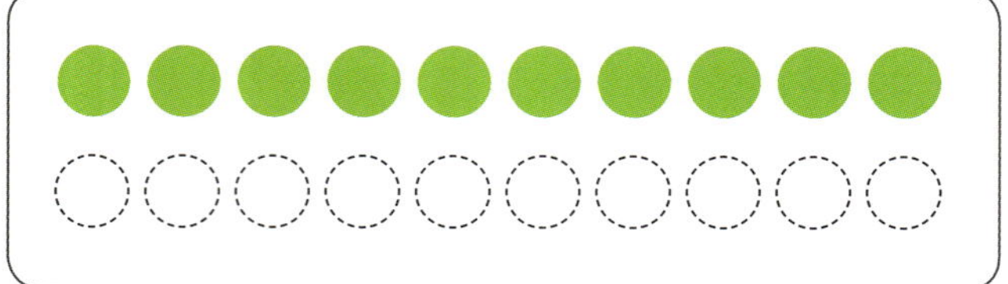

$10 - 7 + 5 = \boxed{}$

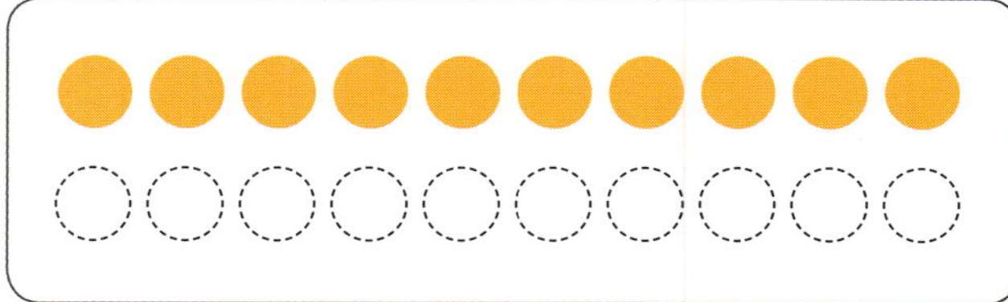

$10 - 4 + 2 = \boxed{}$

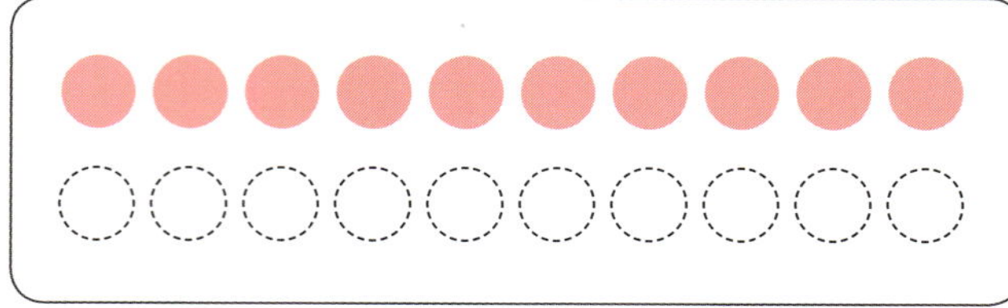

$10 - 8 + 3 = \boxed{}$

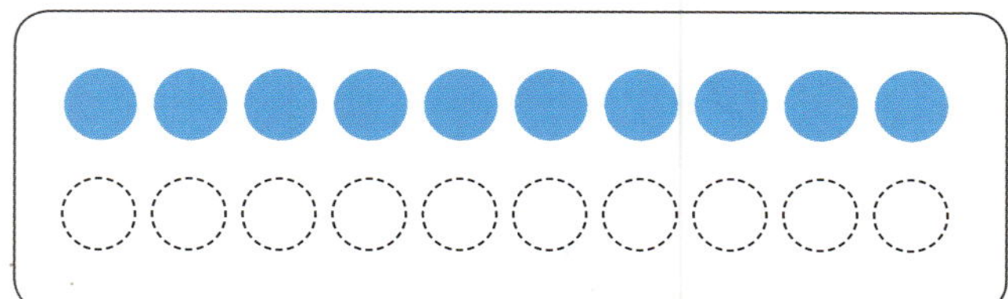

$10 - 9 + 6 = \boxed{}$

🌲 빈칸에 알맞은 수를 쓰세요.

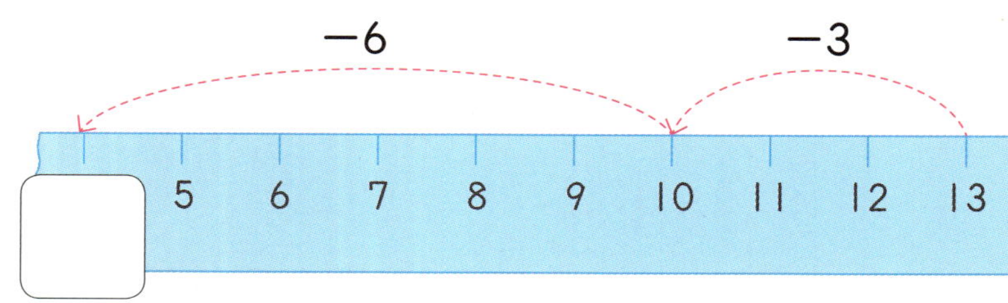

$13 - 3 - 6 = \boxed{}$

$\boxed{} - 6 = \boxed{}$

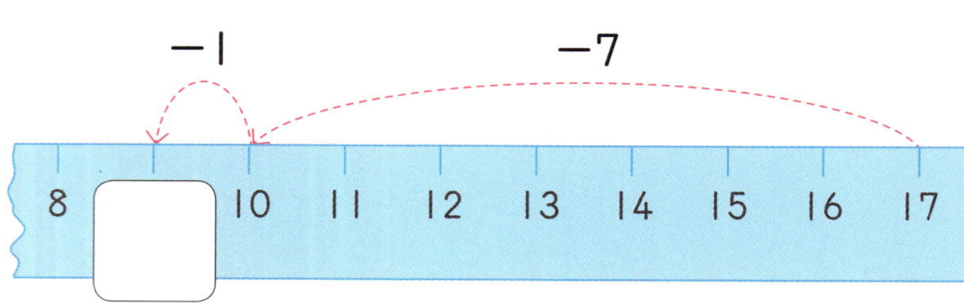

$17 - 7 - 1 = \boxed{}$

$\boxed{} - 1 = \boxed{}$

🌲 ◻ 안에 알맞은 수를 쓰세요.

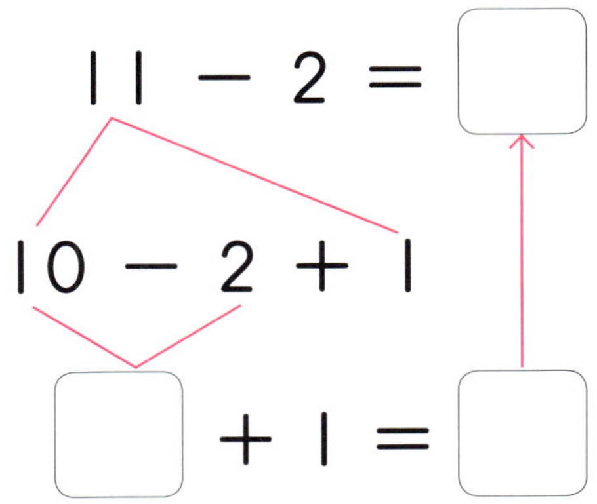

$$11 - 2 = \boxed{}$$
$$10 - 2 + 1$$
$$\boxed{} + 1 = \boxed{}$$

$$15 - 6 = \boxed{}$$
$$10 - 6 + 5$$
$$\boxed{} + 5 = \boxed{}$$

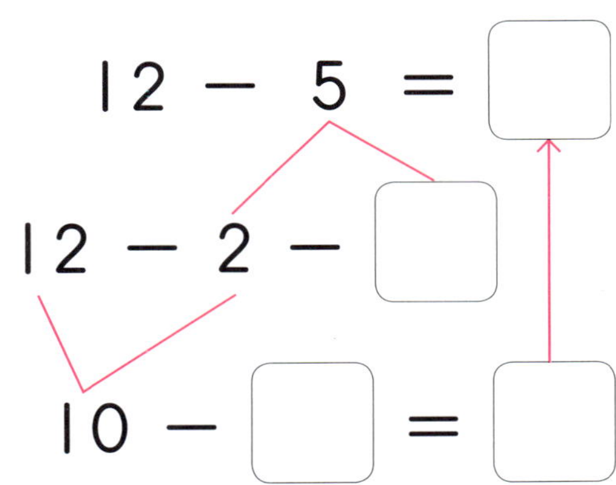

$$12 - 5 = \boxed{}$$
$$12 - 2 - \boxed{}$$
$$10 - \boxed{} = \boxed{}$$

$$14 - 7 = \boxed{}$$
$$14 - 4 - \boxed{}$$
$$10 - \boxed{} = \boxed{}$$

$$16 - 8 = \boxed{}$$
$$16 - \boxed{} - 2$$
$$\boxed{} - 2 = \boxed{}$$

$$18 - 9 = \boxed{}$$
$$18 - \boxed{} - 1$$
$$\boxed{} - 1 = \boxed{}$$

연산력 게임

QR코드를 찍으면 다양한 연산 게임을 할 수 있어요.

어떤 공을 넣을까요?

세 수의 계산을 하여 아래쪽에서 알맞은 공을 골대 위로 끌어서 넣으세요.
8을 넣으면 정답입니다.

앞에서부터 차례로 세 수의 뺄셈을 해 보세요.

아래쪽에서 알맞은 인형을 찾아 손가락으로 누르세요.
4를 누르면 정답입니다.

10을 이용한 빼기 (2)

▶ 연산 보충 학습(106~107쪽)에서 더 풀어 보세요.

학부모 지도 가이드

이 차시에서는 빼어지는 수와 빼는 수에 각각 같은 수를 더하거나 빼도 그 결과가 같음을 배우게 됩니다.

10이 되는 더하기와 10에서 빼기 등 앞서 학습한 내용을 기초로 하여 두 자리 수와 한 자리 수의 뺄셈을 학생들이 생활 속에서 친숙한 구체물을 이용하여 학습하게 됩니다

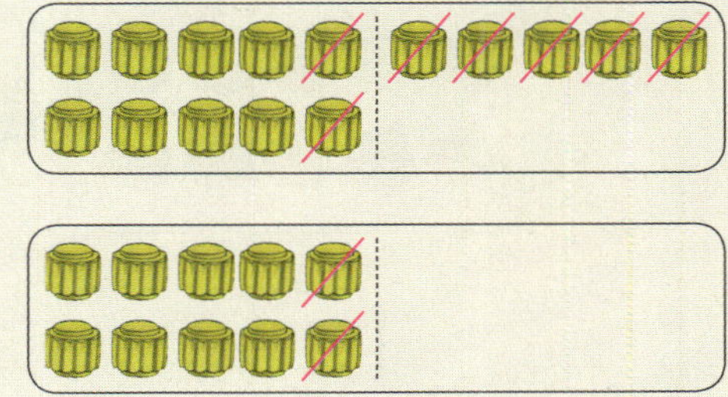

같은 수를 더해 10 만들어 빼기 (1)

🌳 그림을 보고 뺄셈을 하세요.

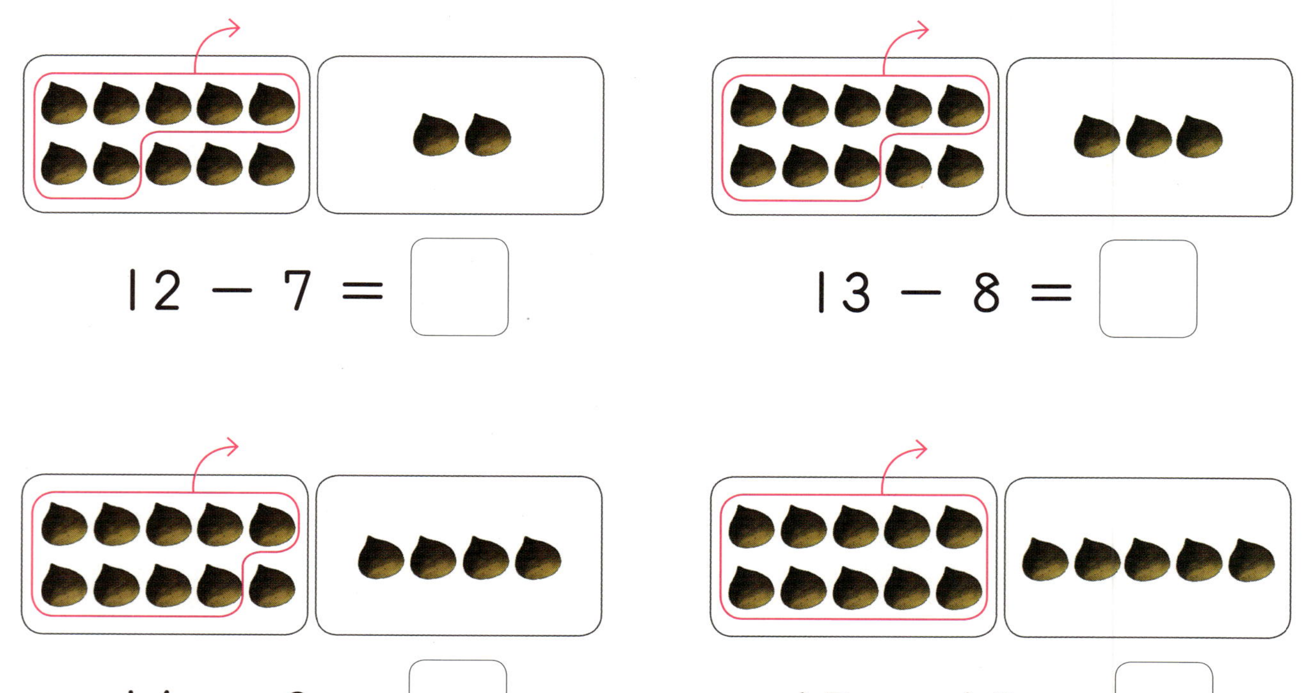

$$12 - 7 = \boxed{}$$

$$13 - 8 = \boxed{}$$

$$14 - 9 = \boxed{}$$

$$15 - 10 = \boxed{}$$

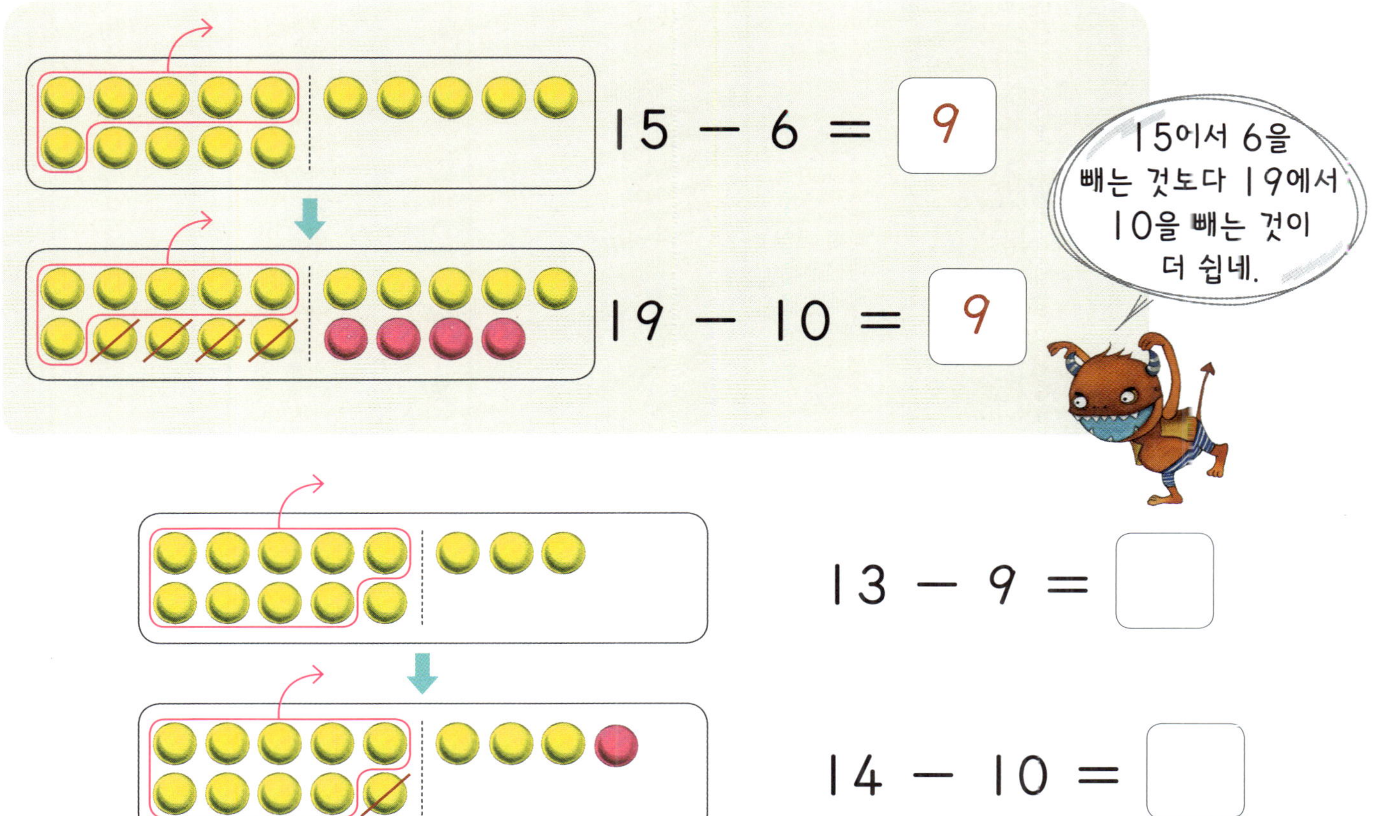

$15 - 6 = \boxed{9}$

$19 - 10 = \boxed{9}$

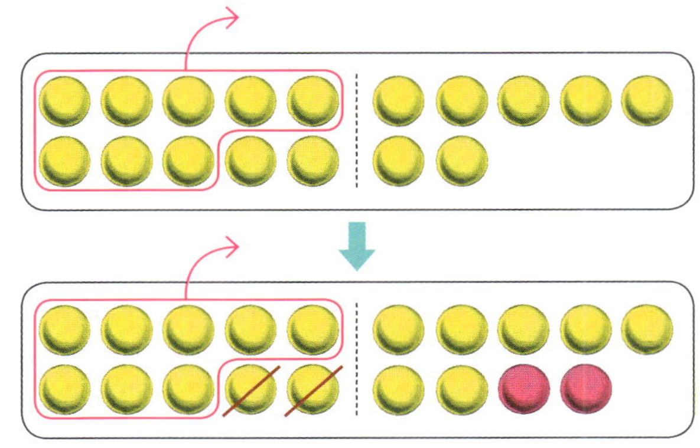

$13 - 9 = \boxed{}$

$14 - 10 = \boxed{}$

$17 - 8 = \boxed{}$

$19 - 10 = \boxed{}$

14에서 6을 빼는 것과 18에서 10을 빼는 것의 결과는 같아요.

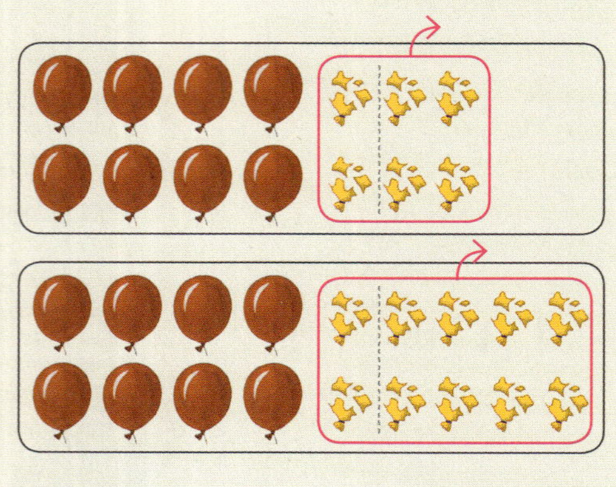

$$14 - 6 = 8$$
$$18 - 10 = 8$$

🌳 그림을 보고 ⬜ 안에 알맞은 수를 쓰세요.

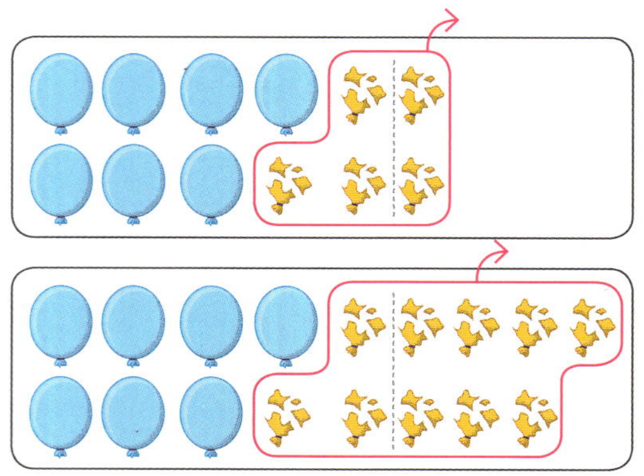

$$12 - 5 = \boxed{}$$
$$17 - 10 = \boxed{}$$

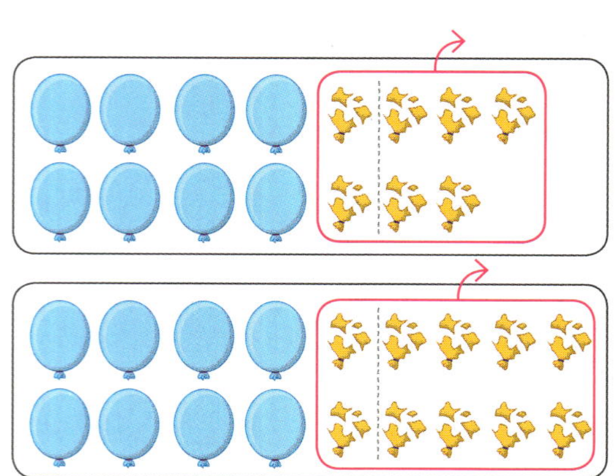

$$15 - 7 = \boxed{}$$
$$18 - 10 = \boxed{}$$

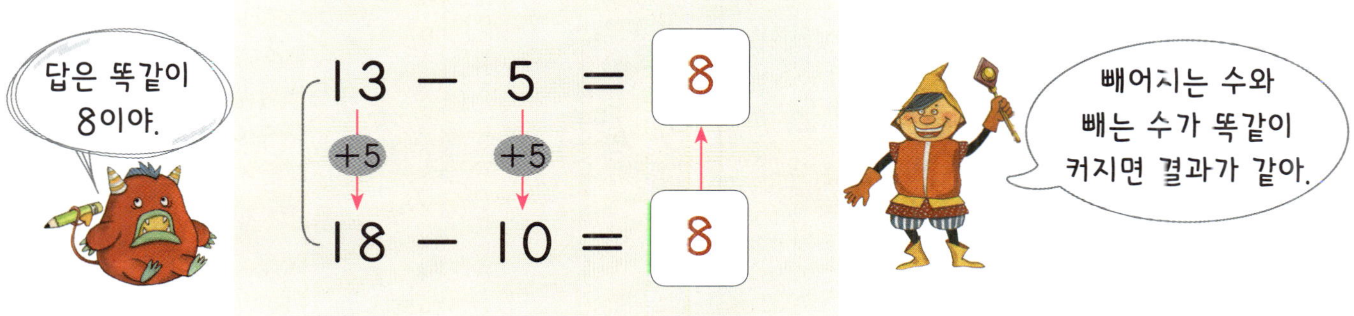

$$12 - 3 = \square$$
$$+7 \qquad +7$$
$$19 - 10 = \square$$

$$14 - 8 = \square$$
$$+2 \qquad +2$$
$$16 - 10 = \square$$

$$11 - 6 = \square$$
$$+4 \qquad +4$$
$$15 - 10 = \square$$

$$15 - 7 = \square$$
$$+3 \qquad +3$$
$$18 - 10 = \square$$

$$16 - 9 = \square$$
$$+1 \qquad +1$$
$$17 - 10 = \square$$

$$13 - 8 = \square$$
$$+2 \qquad +2$$
$$15 - 10 = \square$$

같은 수를 더해 10 만들어 빼기 (2)

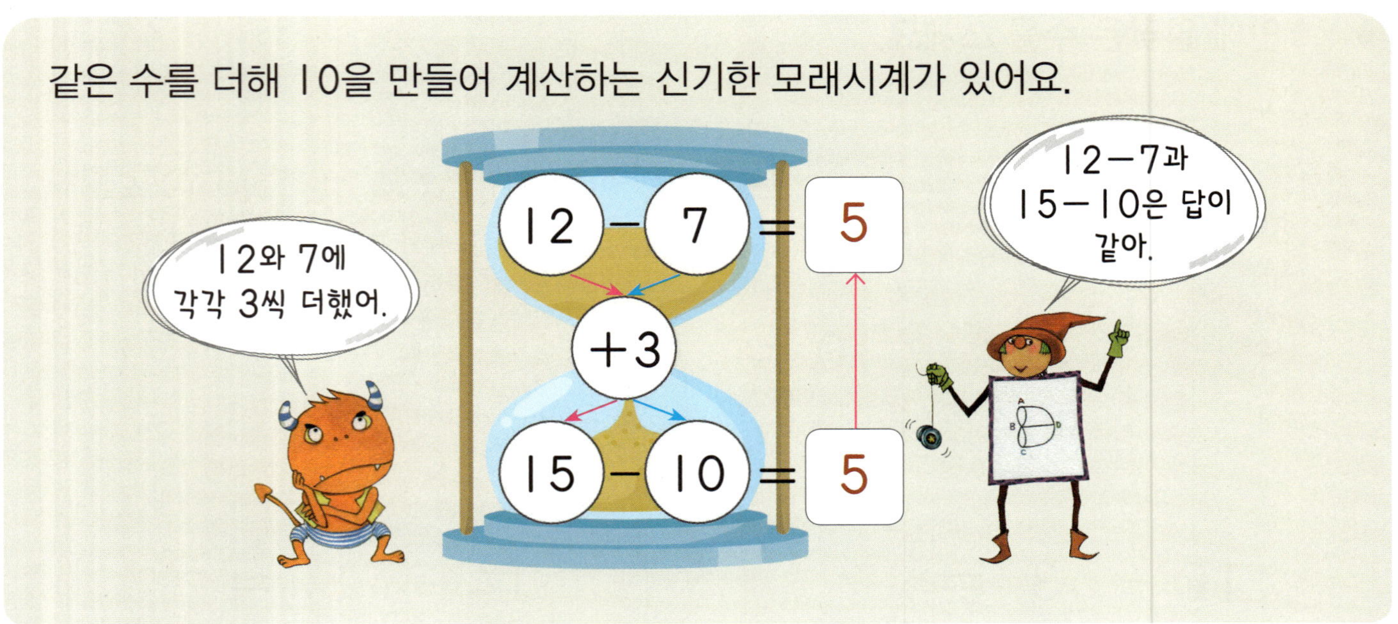

🌳 빈 곳에 알맞은 수를 쓰세요.

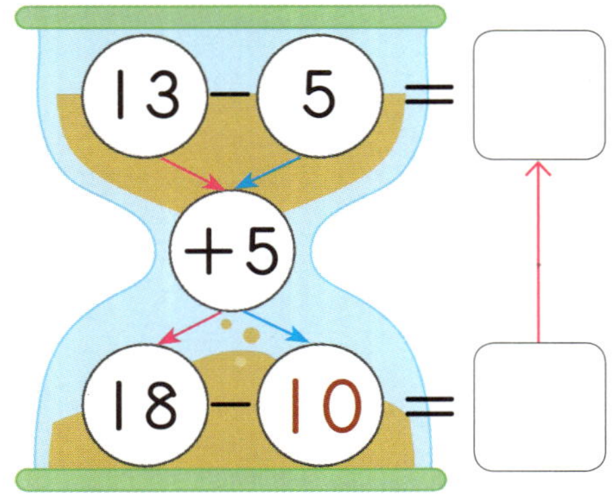

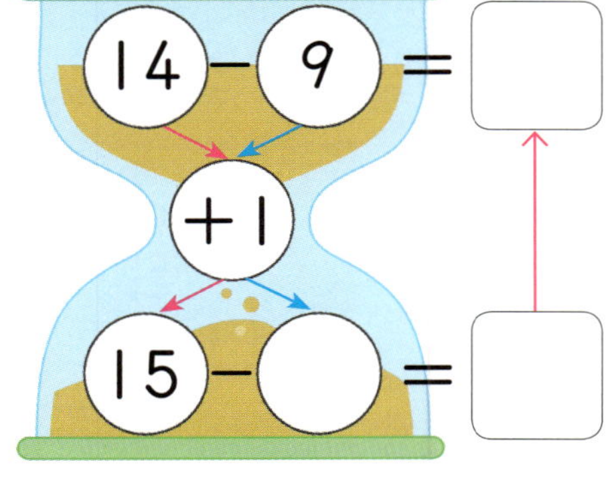

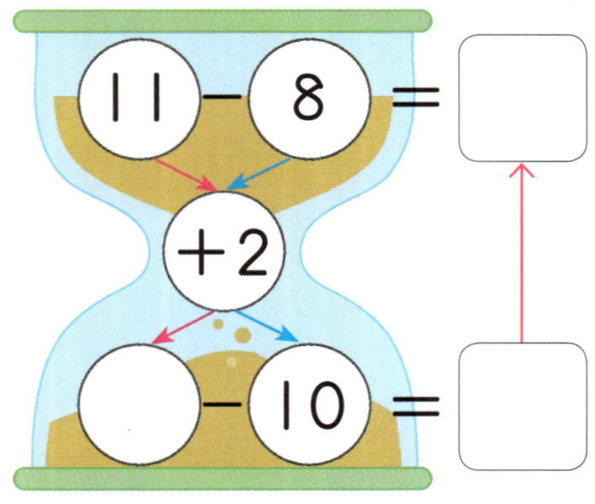

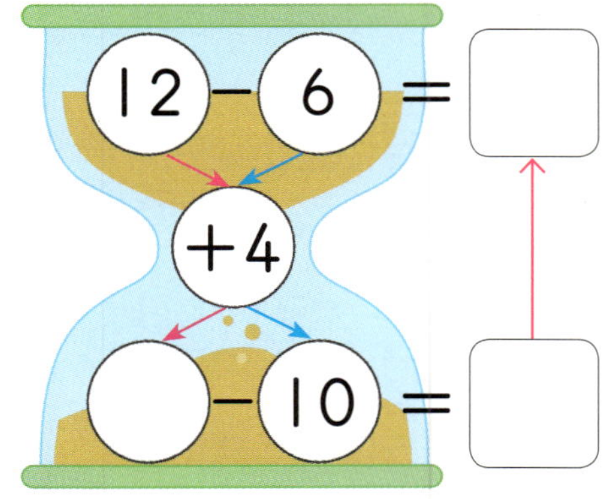

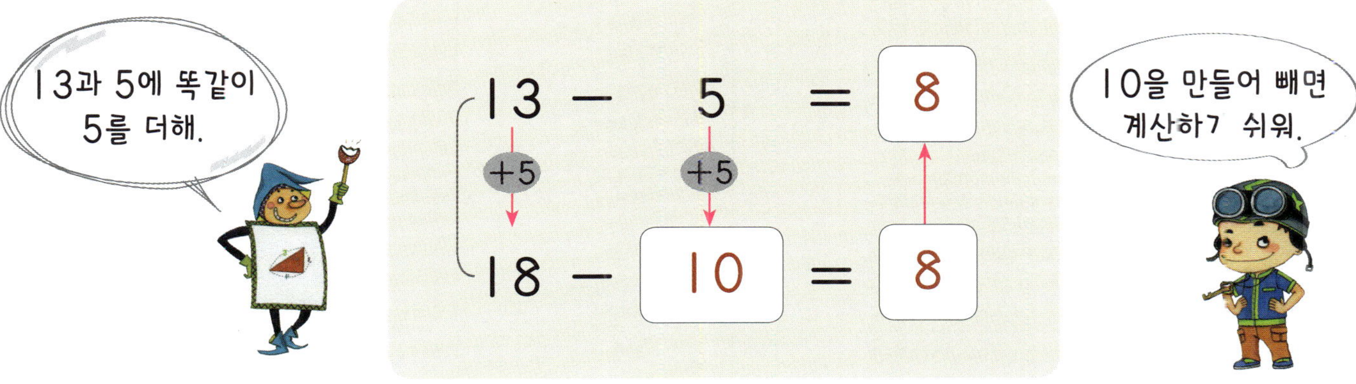

● ☐ 안에 알맞은 수를 쓰세요.

$$13 - 5 = 8$$
$$18 - 10 = 8$$

$$12 - 4 = \boxed{}$$
$$18 - \boxed{} = \boxed{}$$

$$11 - 7 = \boxed{}$$
$$14 - \boxed{} = \boxed{}$$

$$14 - 6 = \boxed{}$$
$$18 - \boxed{} = \boxed{}$$

$$17 - 8 = \boxed{}$$
$$\boxed{} - 10 = \boxed{}$$

$$15 - 9 = \boxed{}$$
$$\boxed{} - 10 = \boxed{}$$

$$12 - 3 = \boxed{}$$
$$\boxed{} - 10 = \boxed{}$$

🌳 **같은 수를 더해 10을 만들어 뺄셈을 하세요.**

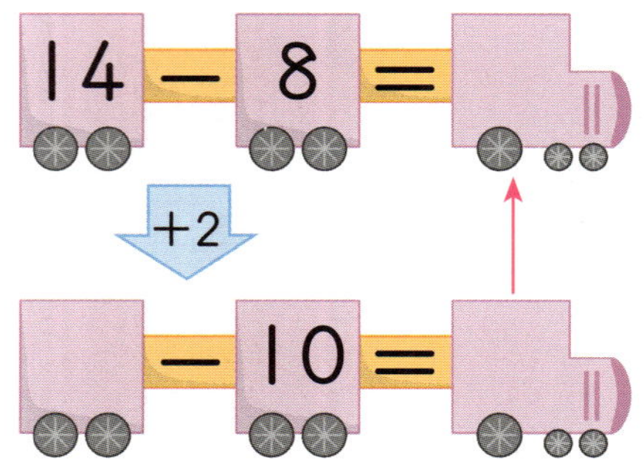

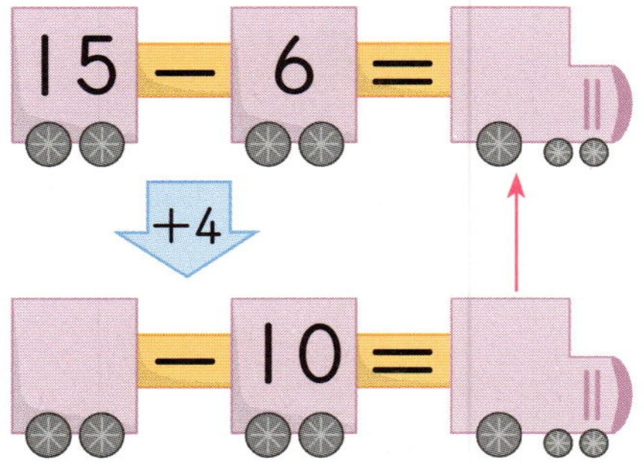

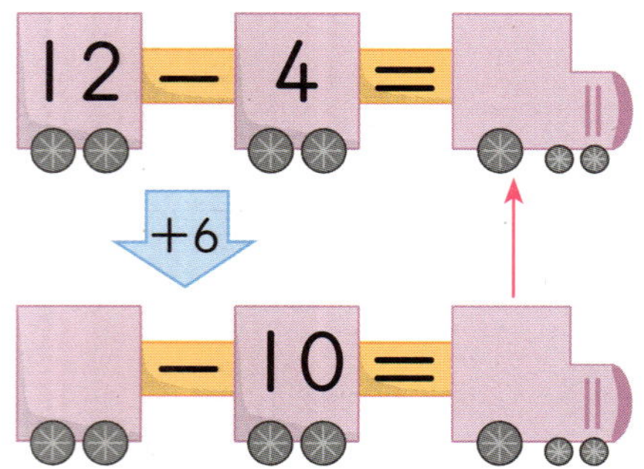

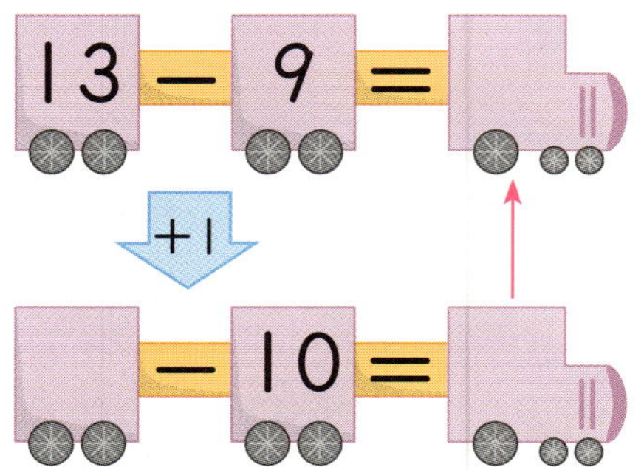

$$14 - 6 = \boxed{8}$$

$+4 \qquad +4$

$$18 - 10 = 8$$

$$11 - 8 = \boxed{} \qquad\qquad 13 - 6 = \boxed{}$$

$$12 - 5 = \boxed{} \qquad\qquad 17 - 9 = \boxed{}$$

$$13 - 7 = \boxed{} \qquad\qquad 15 - 6 = \boxed{}$$

$$18 - 9 = \boxed{} \qquad\qquad 12 - 8 = \boxed{}$$

같은 수를 빼서 10 만들어 빼기 (1)

● 그림을 보고 뺄셈을 하세요.

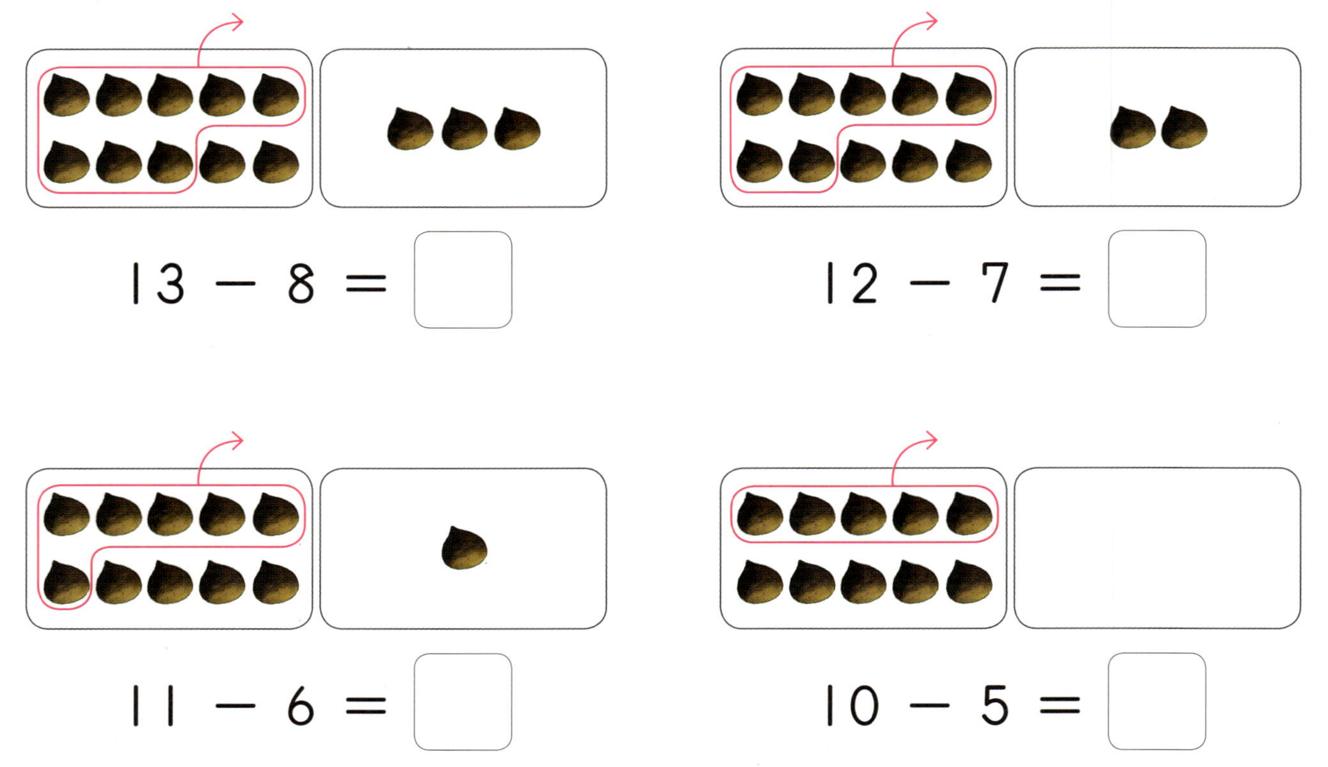

13 − 8 = ☐

12 − 7 = ☐

11 − 6 = ☐

10 − 5 = ☐

🌳 그림을 보고 ☐ 안에 알맞은 수를 쓰세요.

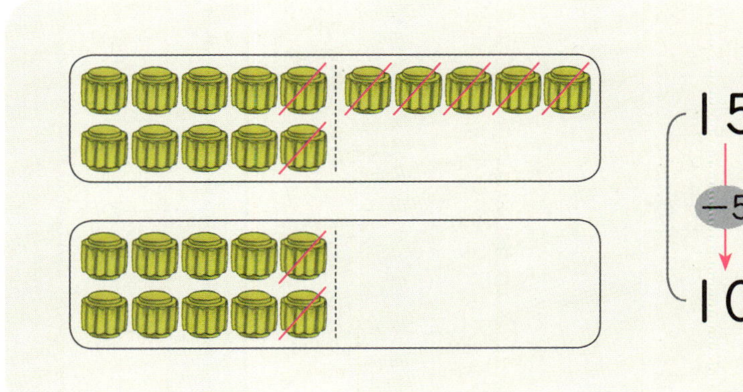

$$15 - 7 = \boxed{8}$$
$$10 - 2 = \boxed{8}$$

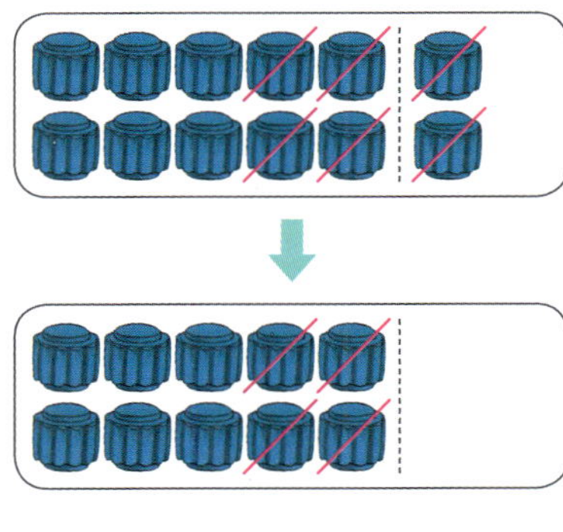

$$12 - 6 = \boxed{}$$
$$10 - 4 = \boxed{}$$

$$11 - 7 = \boxed{}$$
$$10 - 6 = \boxed{}$$

$$14 - 9 = \boxed{}$$
$$10 - 5 = \boxed{}$$

$$14 - 7 = 7$$
$$\downarrow -4 \qquad \downarrow -4$$
$$10 - 3 = 7$$

🌳 그림을 보고 ☐ 안에 알맞은 수를 쓰세요.

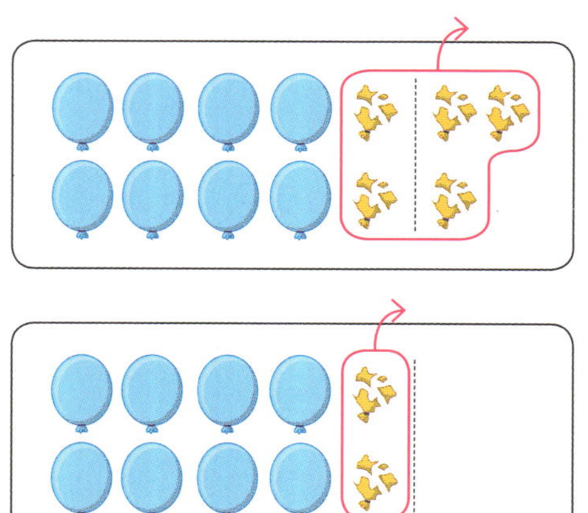

$$13 - 5 = \boxed{}$$
$$\downarrow -3 \qquad \downarrow -3$$
$$10 - 2 = \boxed{}$$

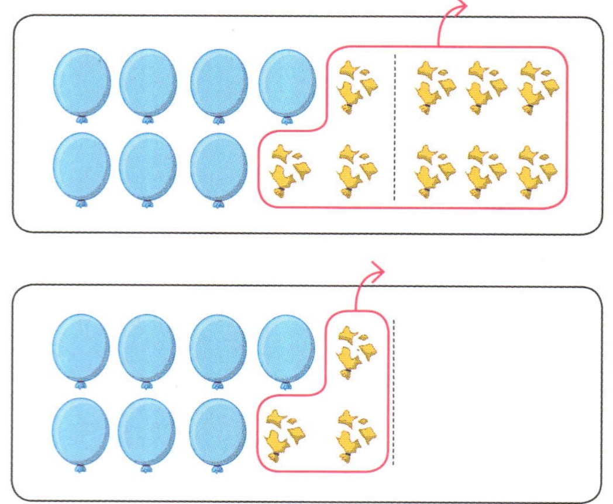

$$16 - 9 = \boxed{}$$
$$\downarrow -6 \qquad \downarrow -6$$
$$10 - 3 = \boxed{}$$

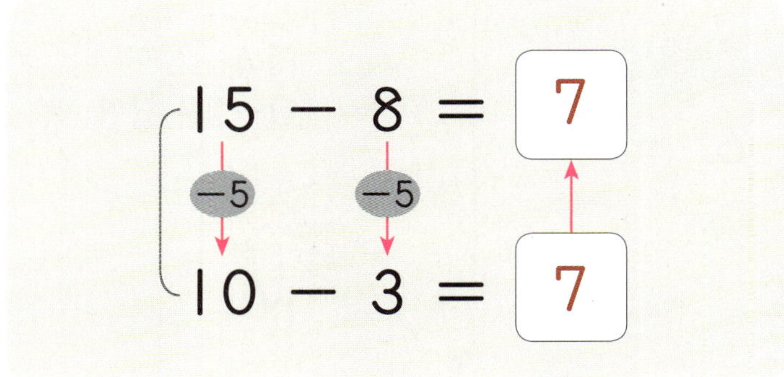

$$11 - 4 = \square$$
$$-1 \qquad -1$$
$$10 - 3 = \square$$

$$13 - 7 = \square$$
$$-3 \qquad -3$$
$$10 - 4 = \square$$

$$17 - 8 = \square$$
$$-7 \qquad -7$$
$$10 - 1 = \square$$

$$18 - 9 = \square$$
$$-8 \qquad -8$$
$$10 - 1 = \square$$

$$12 - 7 = \square$$
$$-2 \qquad -2$$
$$10 - 5 = \square$$

$$11 - 5 = \square$$
$$-1 \qquad -1$$
$$10 - 4 = \square$$

같은 수를 빼서 10 만들어 빼기 (2)

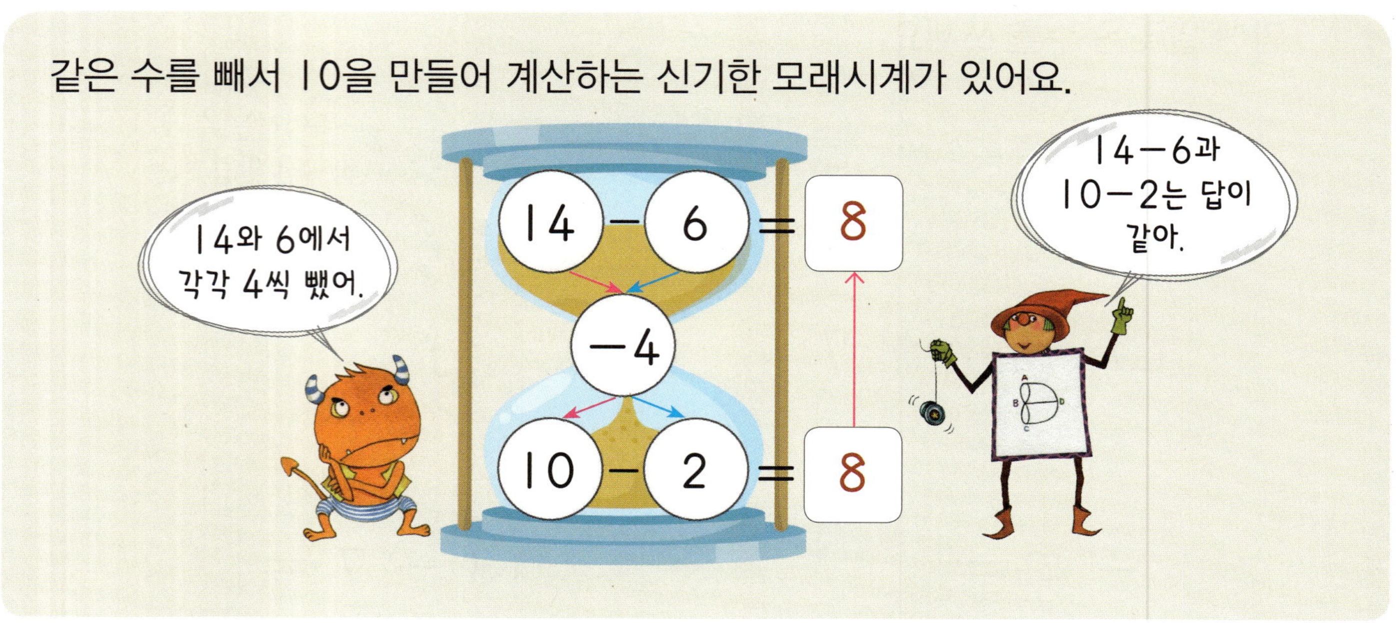

🌳 빈 곳에 알맞은 수를 쓰세요.

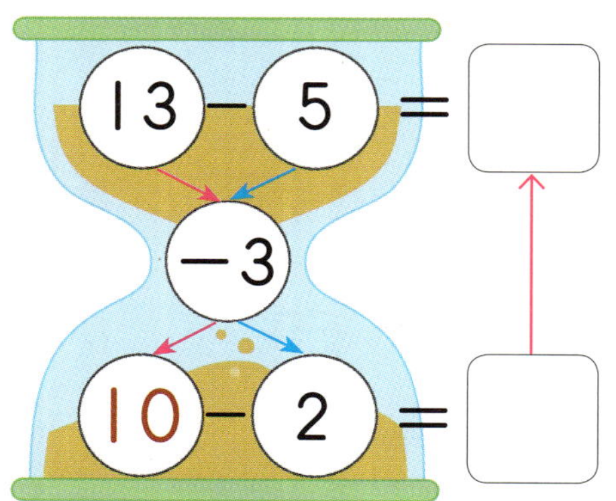

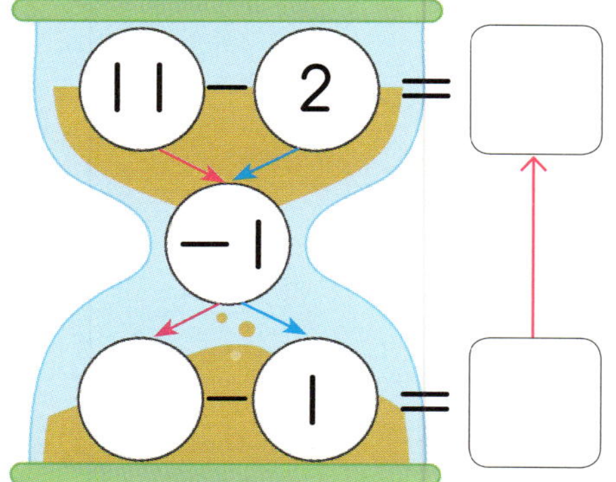

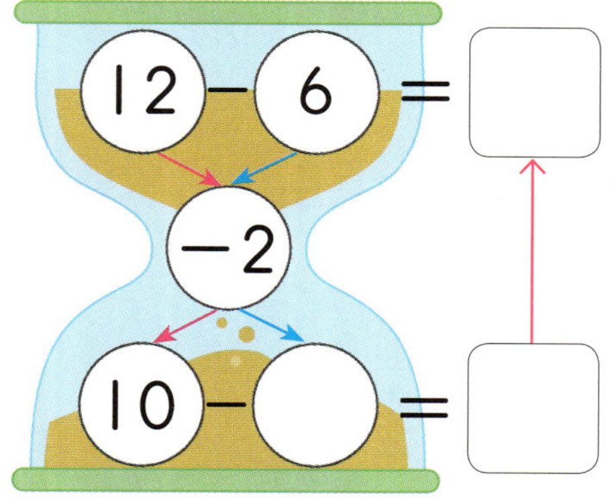

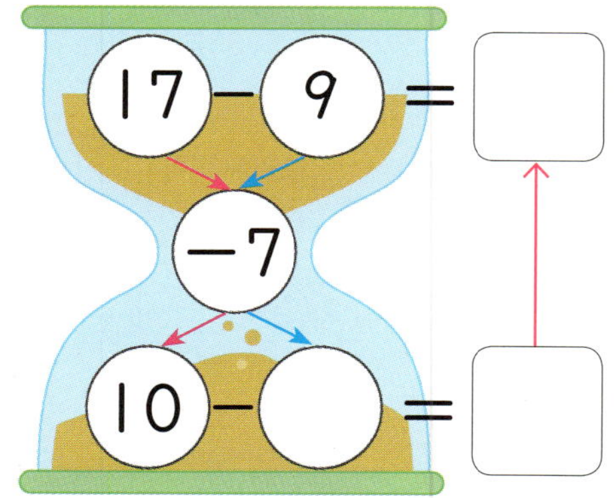

● ☐ 안에 알맞은 수를 쓰세요.

$$15 - 7 = \boxed{8}$$
$$\downarrow{-5} \quad \downarrow{-5} \quad \uparrow$$
$$10 - 2 = \boxed{8}$$

$$11 - 3 = \boxed{}$$
$$\downarrow{-1} \quad \downarrow{-1} \quad \uparrow$$
$$10 - 2 = \boxed{}$$

$$14 - 7 = \boxed{}$$
$$\downarrow{-4} \quad \downarrow{-4} \quad \uparrow$$
$$10 - 3 = \boxed{}$$

$$13 - 9 = \boxed{}$$
$$\downarrow{-3} \quad \downarrow{-3} \quad \uparrow$$
$$10 - 6 = \boxed{}$$

$$17 - 8 = \boxed{}$$
$$\downarrow{-7} \quad \downarrow{-7} \quad \uparrow$$
$$10 - 1 = \boxed{}$$

$$12 - 6 = \boxed{}$$
$$\downarrow{-2} \quad \downarrow{-2} \quad \uparrow$$
$$10 - 4 = \boxed{}$$

$$11 - 9 = \boxed{}$$
$$\downarrow{-1} \quad \downarrow{-1} \quad \uparrow$$
$$10 - 8 = \boxed{}$$

같은 수를 빼면 뺄셈 기차의 계산 결과는 같아요.

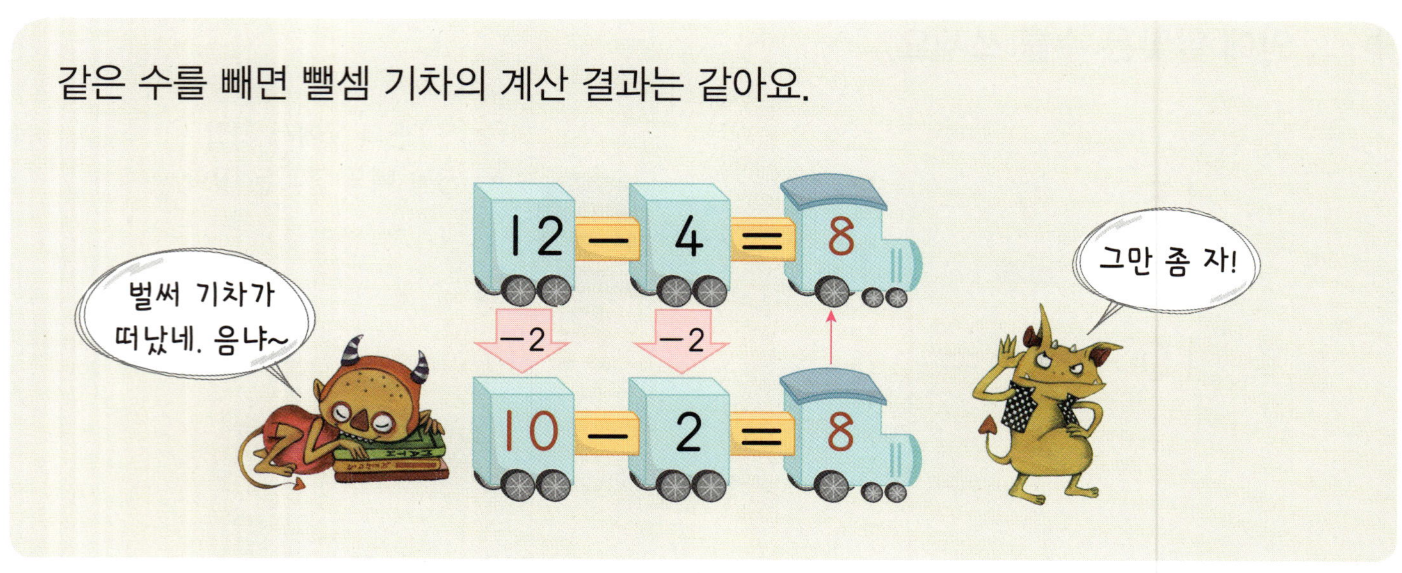

🌳 같은 수를 빼서 10을 만들어 뺄셈을 하세요.

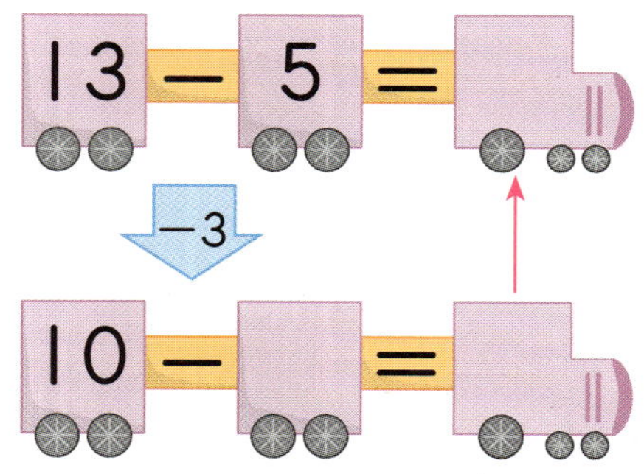

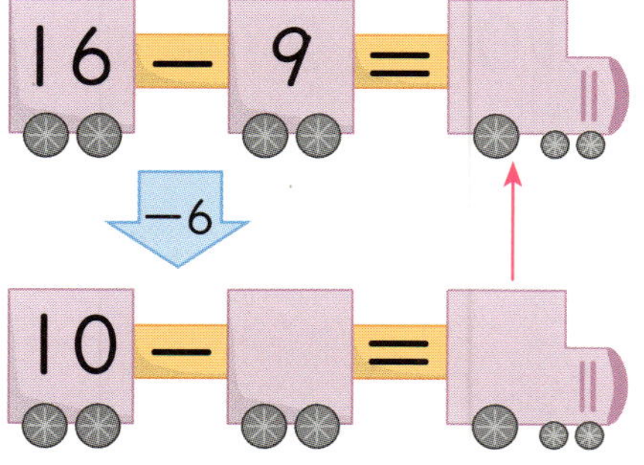

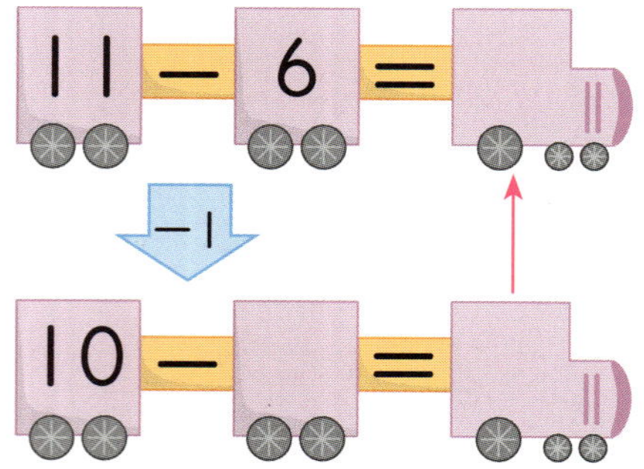

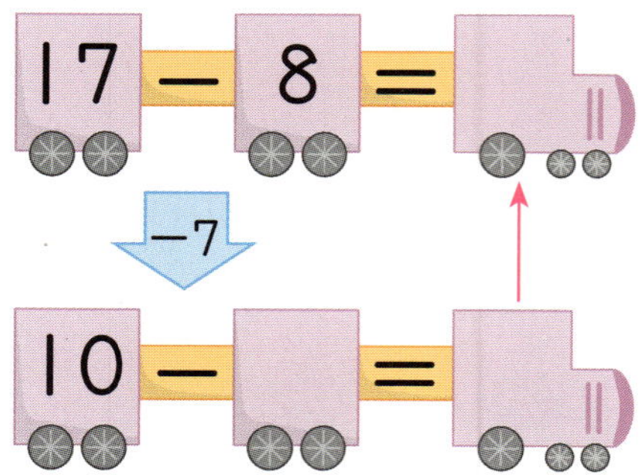

● 같은 수를 빼서 10을 만들어 뺄셈을 하세요.

$$15 - 8 = \boxed{7}$$

$$10 - 3 = 7$$

$$14 - 9 = \boxed{}$$

$$13 - 5 = \boxed{}$$

$$11 - 3 = \boxed{}$$

$$13 - 9 = \boxed{}$$

$$15 - 6 = \boxed{}$$

$$18 - 9 = \boxed{}$$

$$12 - 8 = \boxed{}$$

$$16 - 8 = \boxed{}$$

공부한 날

월

일

무엇을 배웠을까요

$$14 - 7 = \boxed{} \qquad 16 - 8 = \boxed{}$$

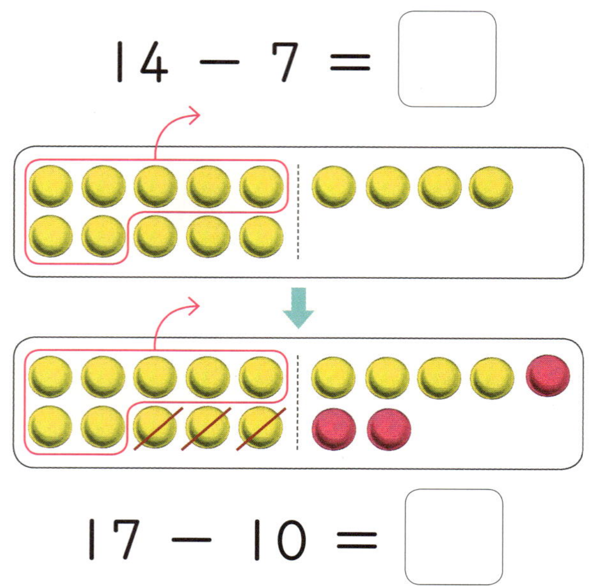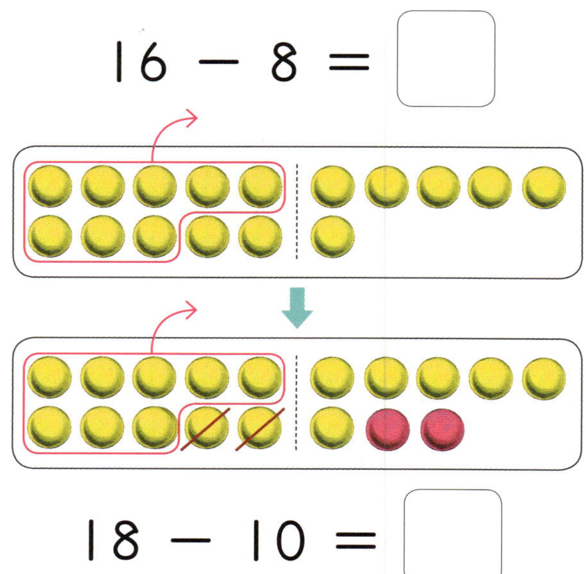

$$17 - 10 = \boxed{} \qquad 18 - 10 = \boxed{}$$

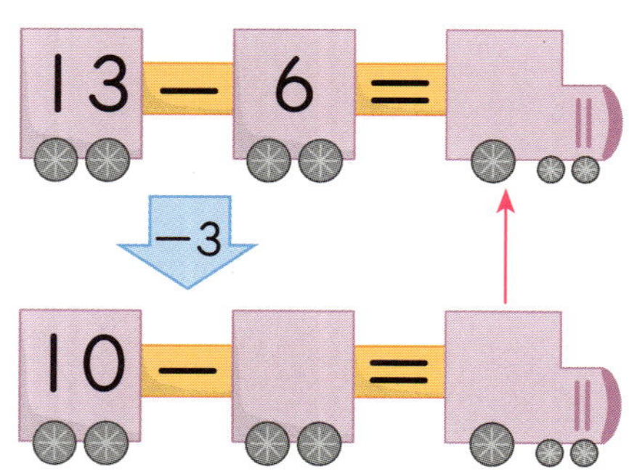

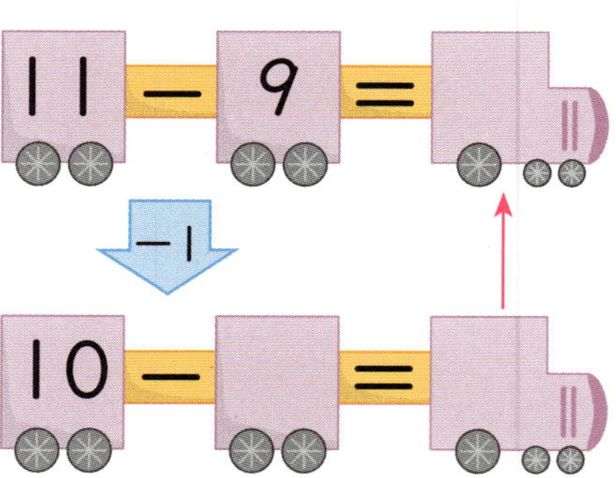

🌲 ☐ 안에 알맞은 수를 쓰세요.

13 − 4 = ☐
(+6) (+6)
19 − 10 = ☐

11 − 3 = ☐
(+7) (+7)
18 − 10 = ☐

14 − 6 = ☐
(+4) (+4)
☐ − 10 = ☐

16 − 9 = ☐
(+1) (+1)
17 − ☐ = ☐

14 − 9 = ☐
(−4) (−4)
10 − 5 = ☐

12 − 6 = ☐
(−2) (−2)
10 − ☐ = ☐

15 − 7 = ☐
(−5) (−5)
☐ − 2 = ☐

17 − 8 = ☐
(−7) (−7)
10 − ☐ = ☐

연산력 게임

QR코드를 찍으면 다양한 연산 게임을 할 수 있어요.

점프하는 개구리 왕자

뺄셈을 하여 개구리의 연꽃잎 길을 완성하세요.

뺄셈을 하여 아래쪽 연꽃잎에서 알맞은 답을 찾아 손가락으로 끌어서 넣으세요.

7을 넣으면 정답입니다.

뺄셈을 하여 과녁을 맞춰 보세요.

시작 버튼을 누르면 전광판에 문제가 나옵니다. 뺄셈을 하여 아래쪽에서 알맞은 답을 찾아 끌어서 넣으세요.

7을 넣으면 정답입니다.

재미있는 활 쏘기

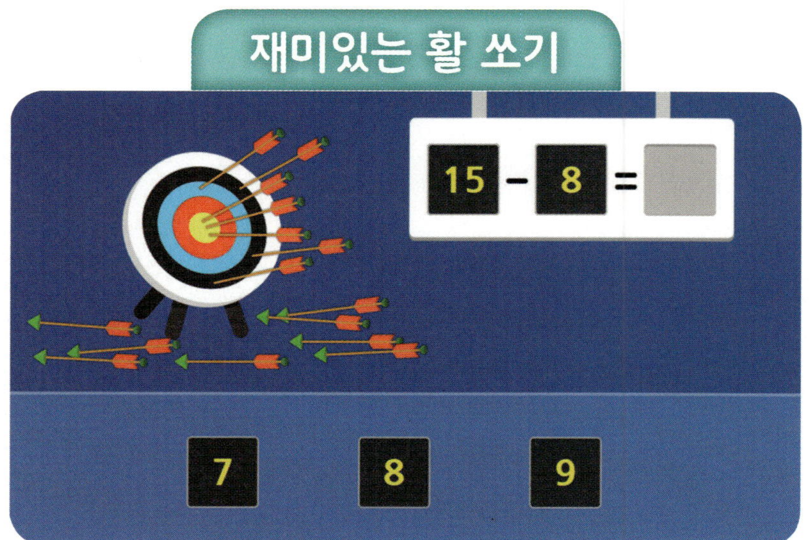

받아내림이 있는 뺄셈

▶ 연산 보충 학습(108쪽)에서 더 풀어 보세요.

학부모 지도 가이드

이 차시에서는 받아내림이 있는 (두 자리 수)─(한 자리 수)의 뺄셈을 공부합니다.

세로셈으로 뺄셈을 할 때 같은 자리의 숫자끼리 한 줄로 맞추어 쓰도록 지도해 주세요.

받아내림한 수를 빠뜨리고 계산하는 경우가 있으므로 계산이 익숙해질 때까지는 받아내림한 수를 기록하여 계산하도록 합니다.

가로셈과 세로셈

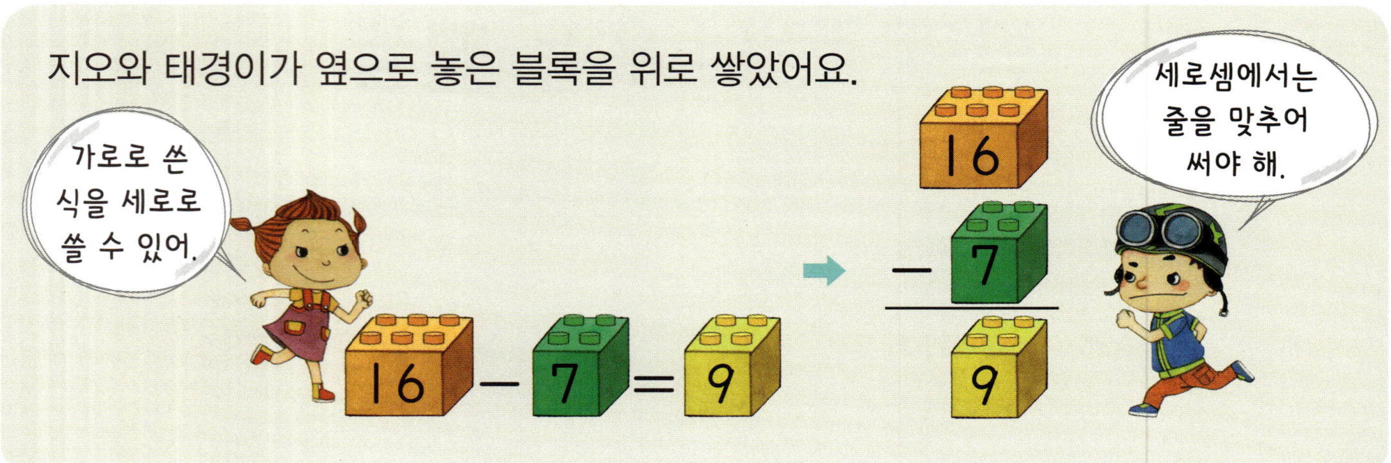

🌳 숫자 카드로 가로셈과 세로셈을 하였어요. ☐ 안에 알맞은 수를 쓰세요.

$12 - 4 = \boxed{}$

$$\begin{array}{r} 1\ 2 \\ -\ \ 4 \\ \hline \boxed{} \end{array}$$

$14 - 7 = \boxed{}$

$$\begin{array}{r} 1\ 4 \\ -\ \ 7 \\ \hline \boxed{} \end{array}$$

$13 - 8 = \boxed{}$

$$\begin{array}{r} 1\ 3 \\ -\ \ 8 \\ \hline \boxed{} \end{array}$$

$16 - 7 = \boxed{}$

$$\begin{array}{r} 1\ 6 \\ -\ \ 7 \\ \hline \boxed{} \end{array}$$

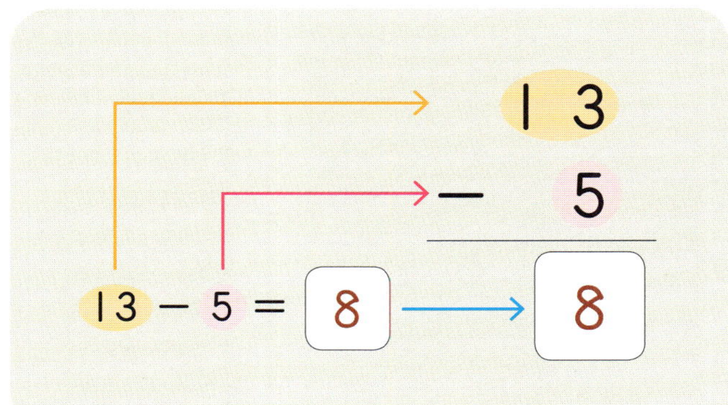

$$\begin{array}{r} 1\ 1 \\ -\ \ 5 \\ \hline \end{array}$$

$11 - 5 = \boxed{}\ \boxed{}$

$$\begin{array}{r} 1\ 7 \\ -\ \ 8 \\ \hline \end{array}$$

$17 - 8 = \boxed{}\ \boxed{}$

$$\begin{array}{r} 1\ 4 \\ -\ \ 6 \\ \hline \end{array}$$

$14 - 6 = \boxed{}\ \boxed{}$

$$\begin{array}{r} 1\ 3 \\ -\ \ 9 \\ \hline \end{array}$$

$13 - 9 = \boxed{}\ \boxed{}$

$$\begin{array}{r} 1\ 2 \\ -\ \ 6 \\ \hline \end{array}$$

$12 - 6 = \boxed{}\ \boxed{}$

$$\begin{array}{r} 1\ 5 \\ -\ \ 8 \\ \hline \end{array}$$

$15 - 8 = \boxed{}\ \boxed{}$

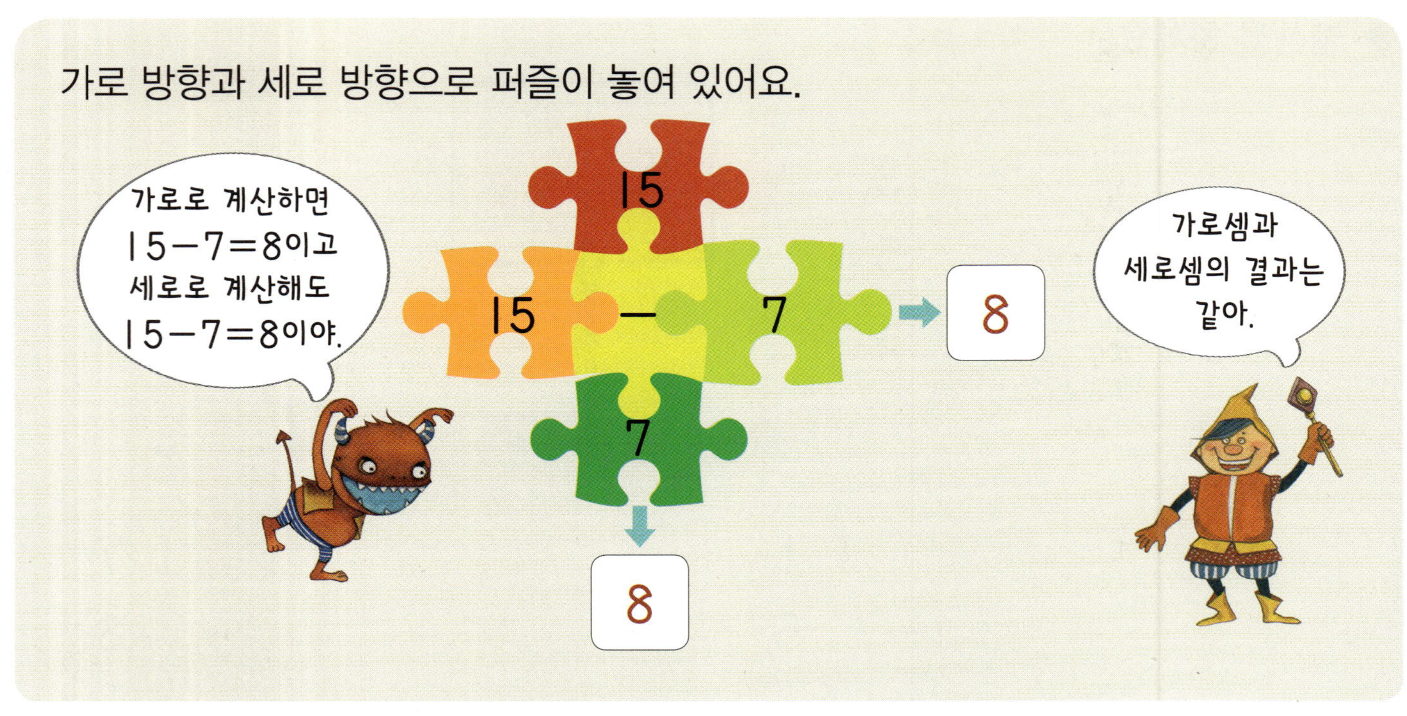

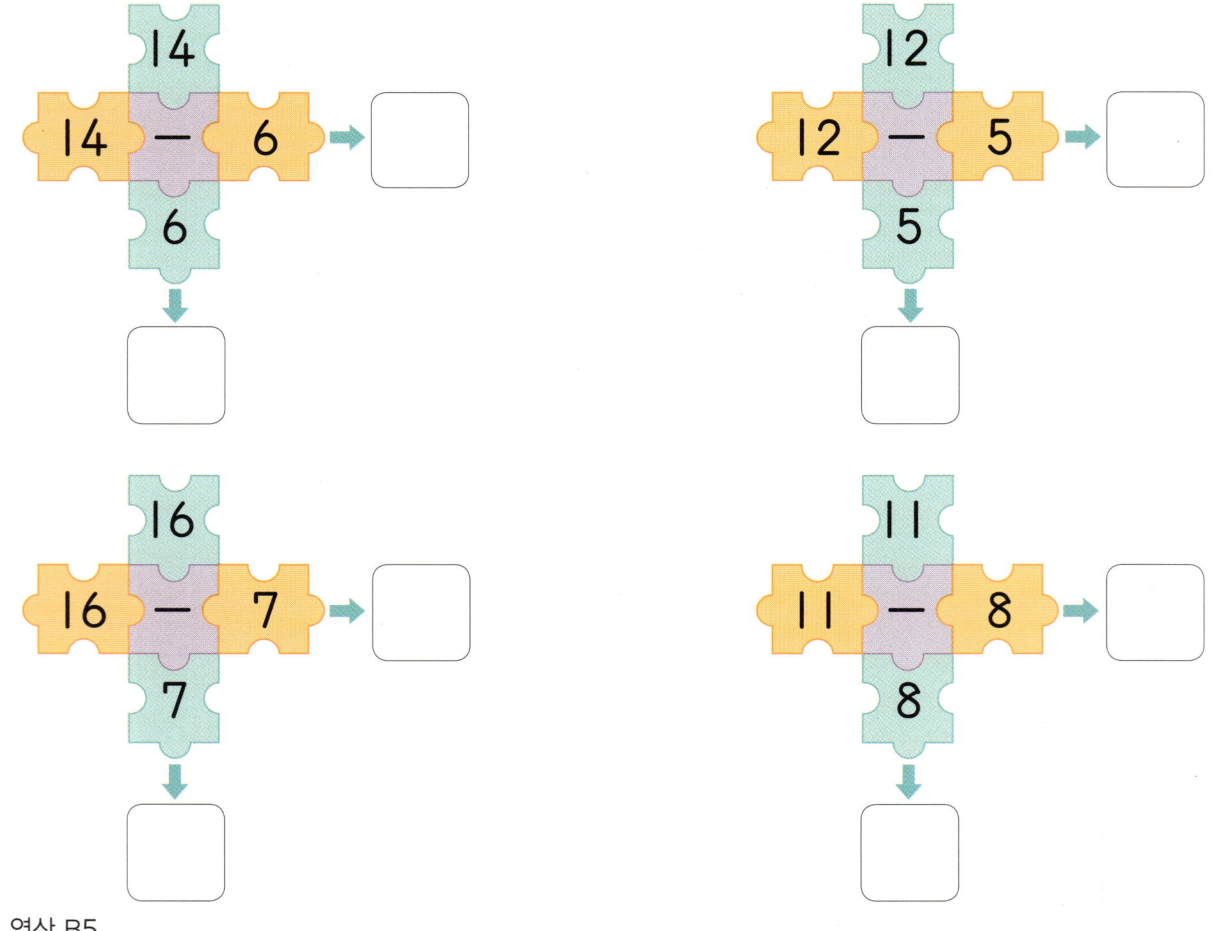

🌳 뺄셈을 하세요.

● 뺄셈을 하세요.

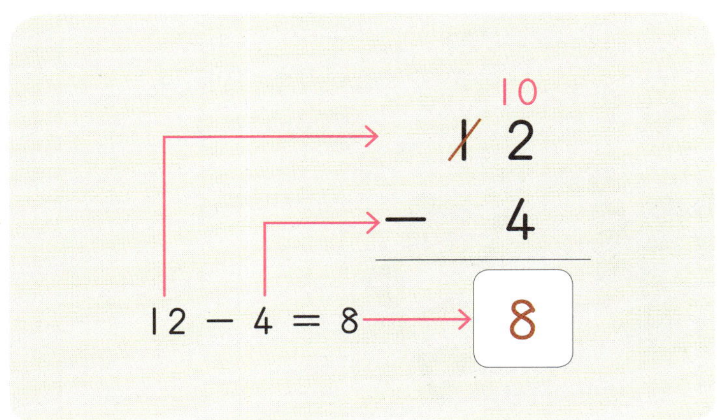

$$\begin{array}{r} 1\,1 \\ -\ \ 8 \\ \hline \ \end{array} \qquad \begin{array}{r} 1\,4 \\ -\ \ 7 \\ \hline \ \end{array} \qquad \begin{array}{r} 1\,3 \\ -\ \ 5 \\ \hline \ \end{array}$$

$$\begin{array}{r} 1\,5 \\ -\ \ 6 \\ \hline \ \end{array} \qquad \begin{array}{r} 1\,4 \\ -\ \ 9 \\ \hline \ \end{array} \qquad \begin{array}{r} 1\,2 \\ -\ \ 8 \\ \hline \ \end{array}$$

$$\begin{array}{r} 1\,4 \\ -\ \ 8 \\ \hline \ \end{array} \qquad \begin{array}{r} 1\,5 \\ -\ \ 7 \\ \hline \ \end{array} \qquad \begin{array}{r} 1\,3 \\ -\ \ 4 \\ \hline \ \end{array}$$

공부한 날

월

일

차가 10보다 작은 뺄셈

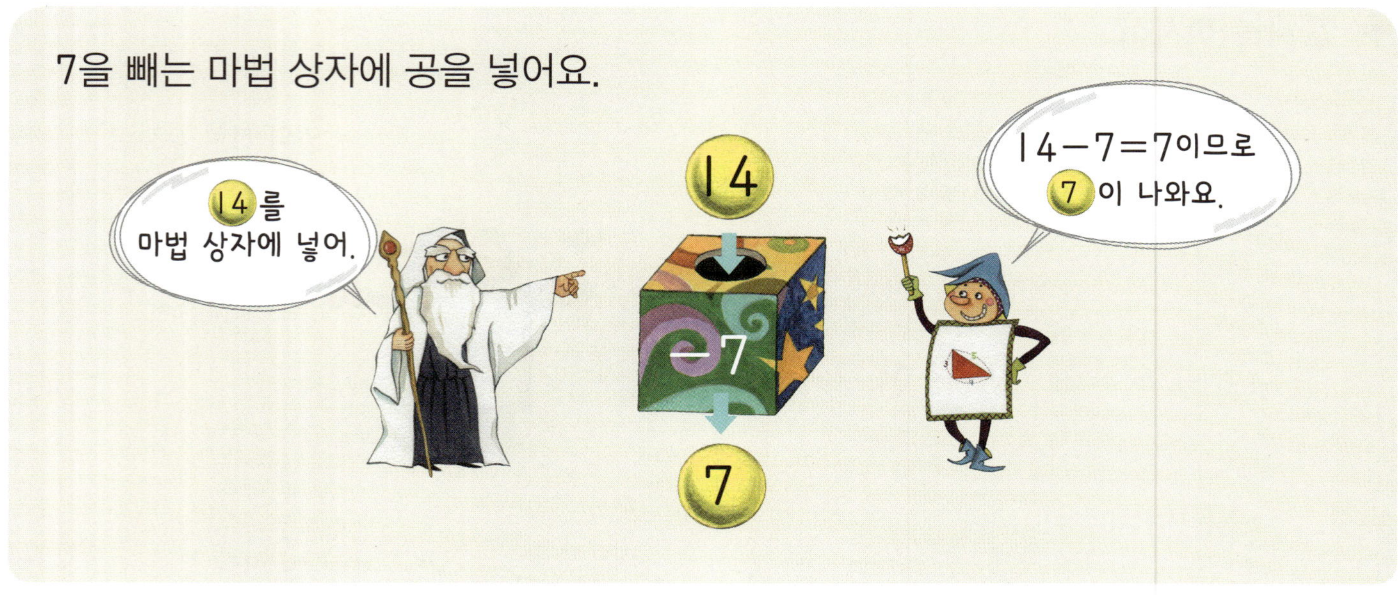

🌳 마법 상자에서 나온 공에 알맞은 수를 쓰세요.

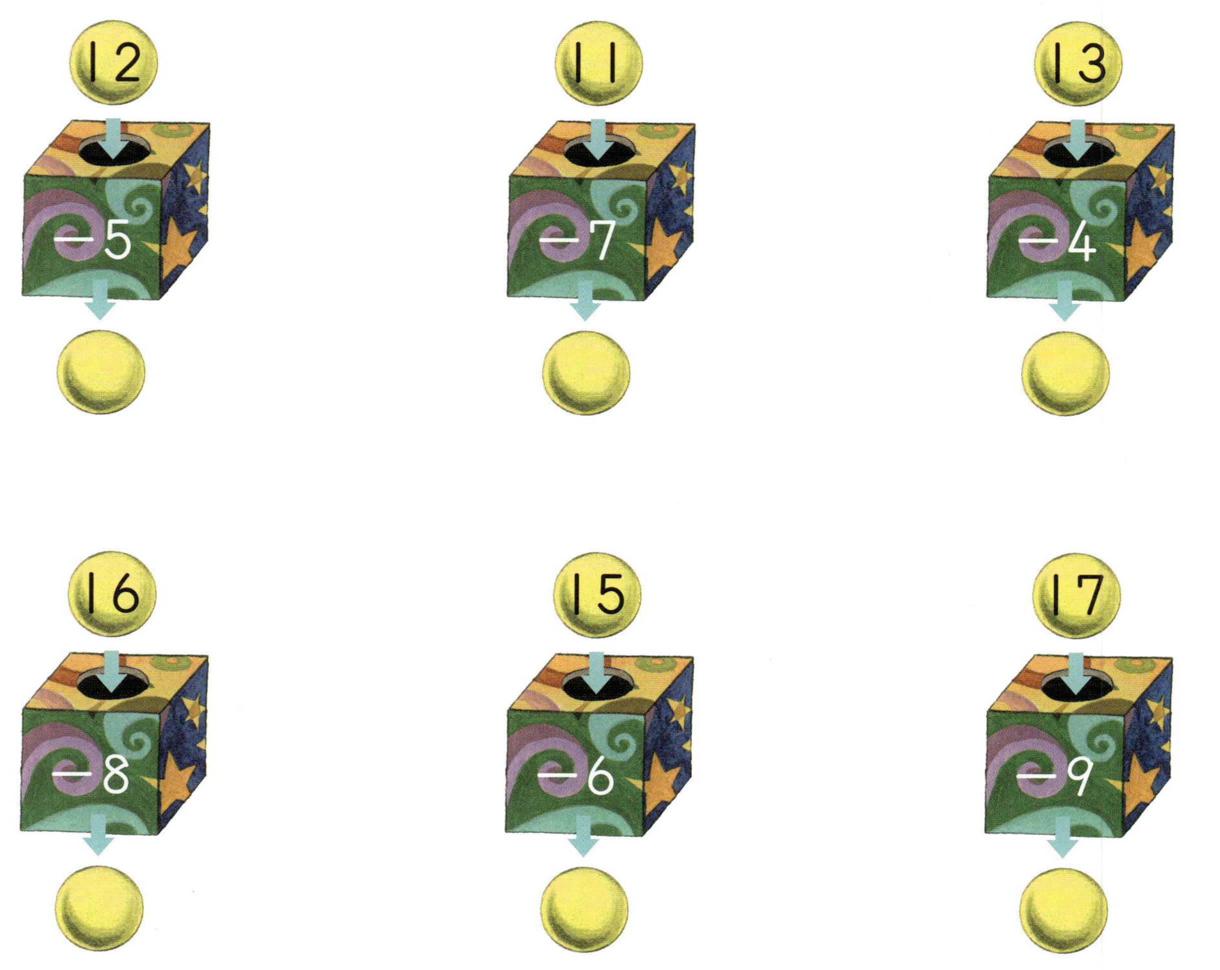

● 뺄셈을 하세요.

$$14 - 7 = \boxed{7}$$

10−7+4

3+4=7

$13 - 5 = \boxed{}$ $12 - 9 = \boxed{}$

$14 - 5 = \boxed{}$ $12 - 7 = \boxed{}$

$13 - 9 = \boxed{}$ $11 - 4 = \boxed{}$

$16 - 8 = \boxed{}$ $15 - 6 = \boxed{}$

● 뺄셈을 하여 나온 결과를 찾아 ◯표 하세요.

11−7

7	8	9
4	5	6
1	2	3

14−5

7	8	9
4	5	6
1	2	3

17−8

7	8	9
4	5	6
1	2	3

13−6

7	8	9
4	5	6
1	2	3

16−9

7	8	9
4	5	6
1	2	3

12−4

7	8	9
4	5	6
1	2	3

● **뺄셈을 하세요.**

$$16 - 8 = \boxed{8}$$

16−6−2

10−2=8

$$14 - 8 = \boxed{} \qquad\qquad 16 - 9 = \boxed{}$$

$$11 - 3 = \boxed{} \qquad\qquad 13 - 9 = \boxed{}$$

$$11 - 6 = \boxed{} \qquad\qquad 16 - 7 = \boxed{}$$

$$12 - 5 = \boxed{} \qquad\qquad 15 - 7 = \boxed{}$$

공부한 날

월

일

길 찾기

🌲 뺄셈 결과를 찾아 선을 그으세요.

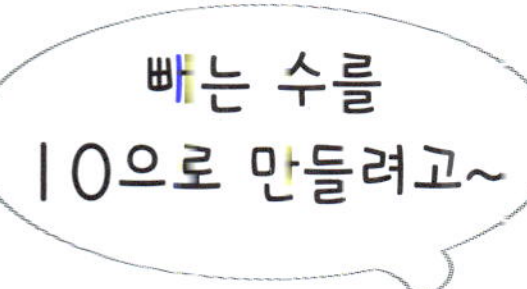

안에 알맞은 수를 쓰세요.

$$16 - 9 = 7$$

$$(+1) \quad (+1)$$

$$17 - 10 = 7$$

$$12 - 6 = \boxed{}$$

$$(+4) \quad (+4)$$

$$\boxed{} - \boxed{} = \boxed{}$$

$$15 - 7 = \boxed{}$$

$$(+3) \quad (+3)$$

$$\boxed{} - \boxed{} = \boxed{}$$

$$11 - 9 = \boxed{}$$

$$(+1) \quad (+1)$$

$$\boxed{} - \boxed{} = \boxed{}$$

$$13 - 8 = \boxed{}$$

$$(+2) \quad (+2)$$

$$\boxed{} - \boxed{} = \boxed{}$$

$$18 - 9 = \boxed{}$$

$$(+1) \quad (+1)$$

$$\boxed{} - \boxed{} = \boxed{}$$

$$15 - 8 = \boxed{}$$

$$(+2) \quad (+2)$$

$$\boxed{} - \boxed{} = \boxed{}$$

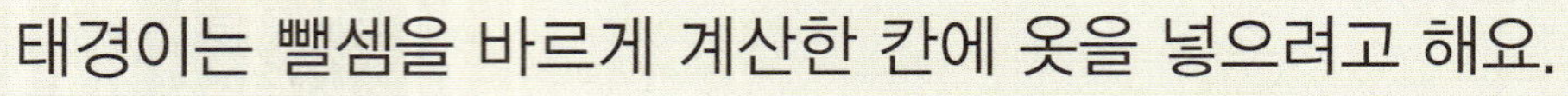

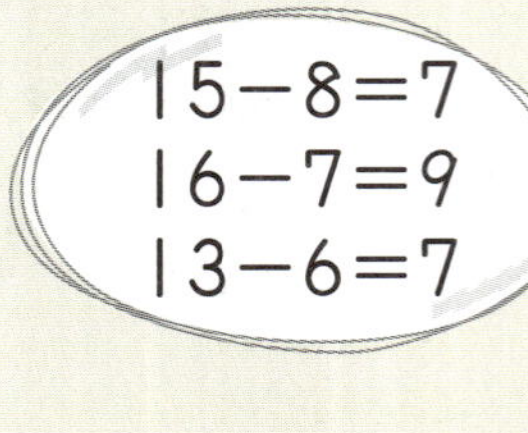

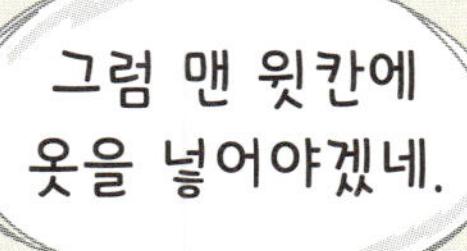

🌳 올바른 식을 찾아 ⬭표 하세요.

18－9＝7	15－7＝9	11－3＝6
13－7＝6	11－7＝5	16－9＝8
14－5＝8	12－6＝6	14－6＝8

16－8＝8	17－9＝8	12－5＝8
15－6＝7	12－7＝4	14－7＝5
13－8＝6	11－6＝6	17－8＝9

🌳 **빨셈을 하세요.**

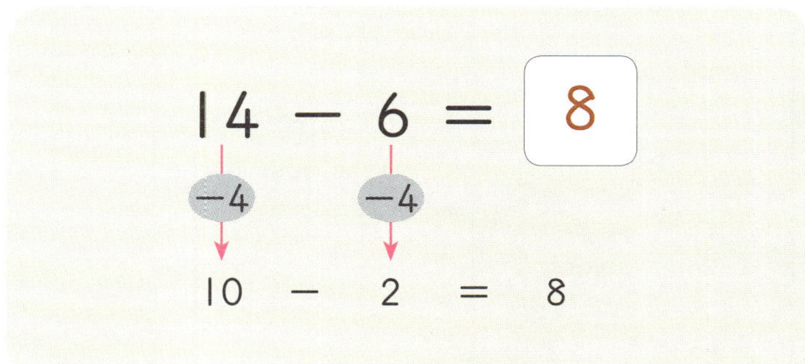

$$14 - 6 = \boxed{8}$$

$$\underset{-4}{\downarrow} \qquad \underset{-4}{\downarrow}$$

$$10 - 2 = 8$$

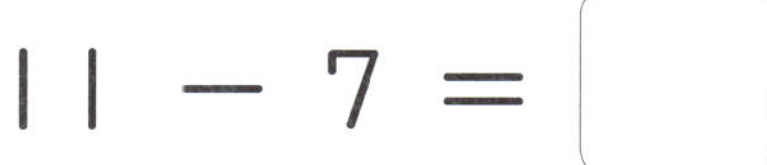

$11 - 7 = \boxed{}$ $\qquad\qquad$ $16 - 7 = \boxed{}$

$15 - 8 = \boxed{}$ $\qquad\qquad$ $12 - 4 = \boxed{}$

$14 - 9 = \boxed{}$ $\qquad\qquad$ $12 - 9 = \boxed{}$

$11 - 2 = \boxed{}$ $\qquad\qquad$ $13 - 7 = \boxed{}$

벌레 먹은 셈

애벌레가 나뭇잎을 먹어 계산식이 잘 보이지 않아요.

● 주어진 수를 ☐ 안에 알맞게 쓰세요.

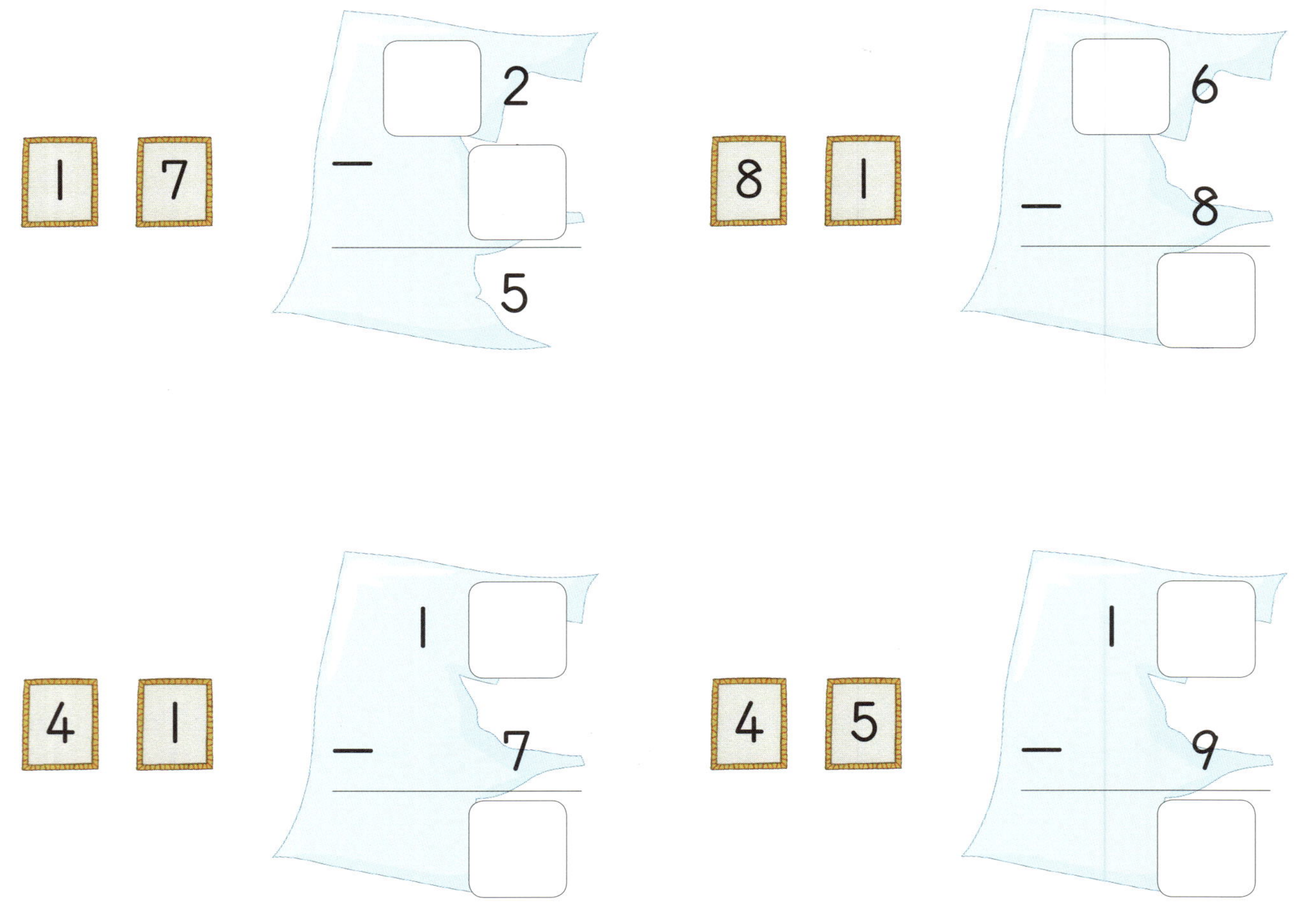

● 주어진 수를 ☐ 안에 알맞게 쓰세요.

$$\begin{array}{r} 1\ 8 \\ -\quad 4 \\ \hline \end{array}$$

● 주어진 수를 ▢ 안에 알맞게 쓰세요.

$$\begin{array}{r} 1\ \boxed{3} \\ 3\ 9 \quad -\quad 4 \\ \hline \boxed{9} \end{array}$$

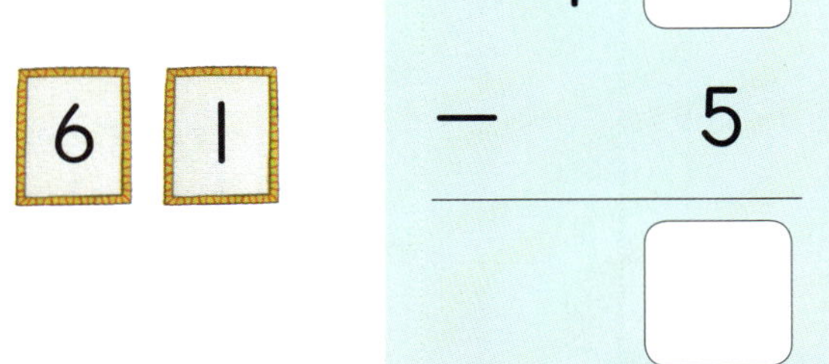

$$\begin{array}{r} \boxed{\ } \ 2 \\ 1\ 6 \quad -\quad 6 \\ \hline \boxed{\ } \end{array}$$

$$\begin{array}{r} \boxed{\ } \ 6 \\ 8\ 1 \quad -\quad \boxed{\ } \\ \hline 8 \end{array}$$

$$\begin{array}{r} 1\ \boxed{\ } \\ 6\ 1 \quad -\quad 5 \\ \hline \boxed{\ } \end{array}$$

$$\begin{array}{r} 1\ \boxed{\ } \\ 3\ 7 \quad -\quad \boxed{\ } \\ \hline 6 \end{array}$$

$$\begin{array}{r} 1\ \boxed{\ } \\ 9\ 5 \quad -\quad 6 \\ \hline \boxed{\ } \end{array}$$

$$\begin{array}{r} 1\ \boxed{\ } \\ 4\ 2 \quad -\quad \boxed{\ } \\ \hline 8 \end{array}$$

결과가 같은 식

새들이 뺄셈식이 쓰여 있는 편지를 우체통에 넣으려고 해요. 계산 결과가 같은 식끼리 선으로 이으세요.

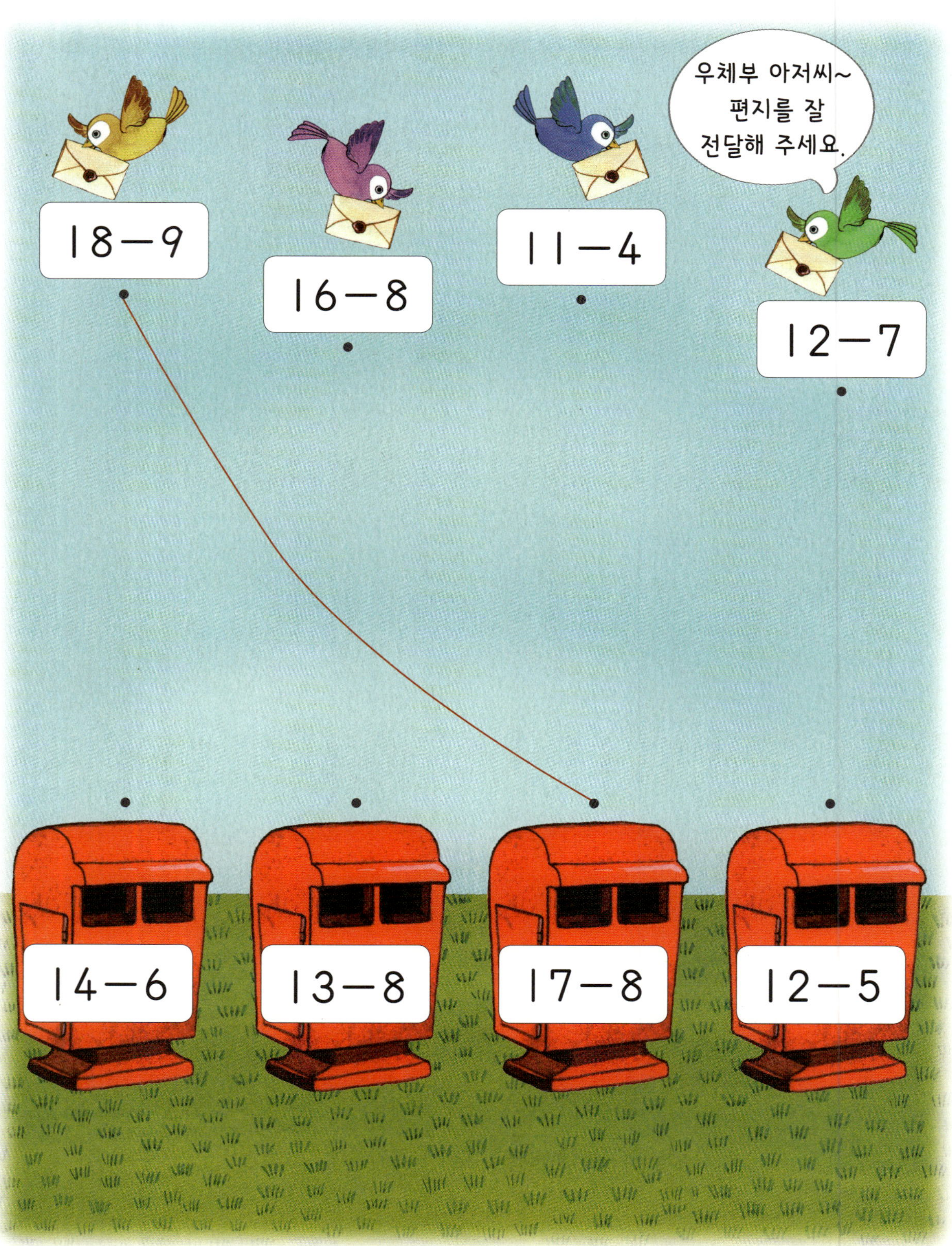

🌱 계산 결과가 같은 식끼리 선으로 이으세요.

14−8 ·   · 12−7   18−9 ·   · 12−4

11−6 ·   · 16−9   16−8 ·   · 17−8

15−8 ·   · 12−6   12−5 ·   · 14−7

11−3 ·   · 16−7   14−9 ·   · 13−9

15−6 ·   · 12−6   11−8 ·   · 13−8

11−5 ·   · 15−7   12−8 ·   · 12−9

계산 결과가 담장 위의 수가 되는 벽돌을 색칠해요.

🌲 계산 결과가 ◯ 안의 수가 되는 뺄셈식을 모두 찾아 색칠하세요.

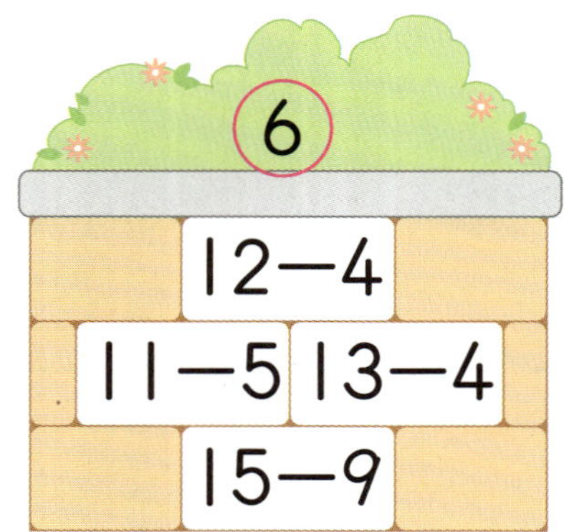

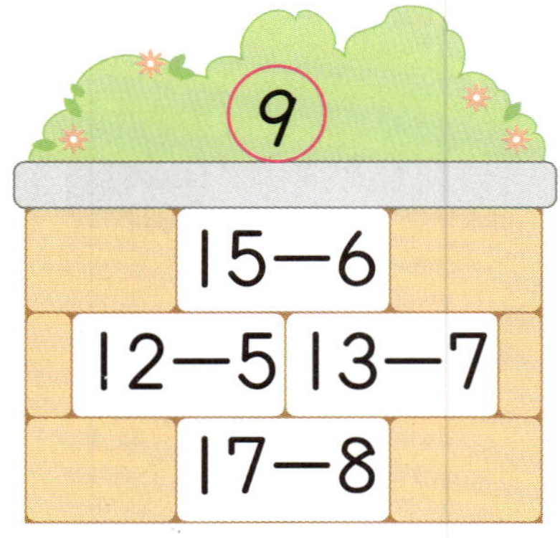

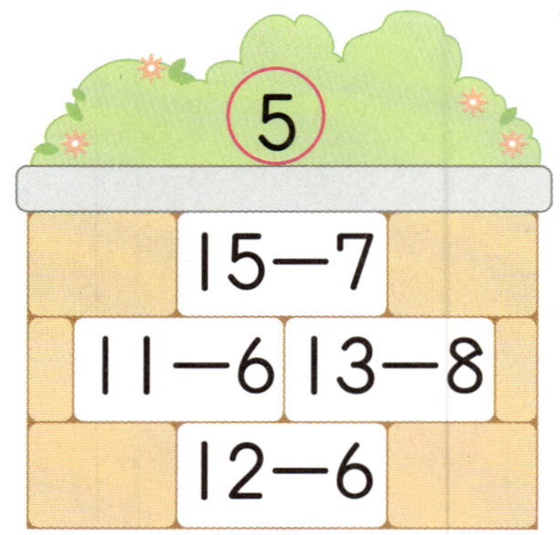

🌳 계산 결과가 지붕 위의 수가 되는 뺄셈식을 모두 찾아 ◯표 하세요.

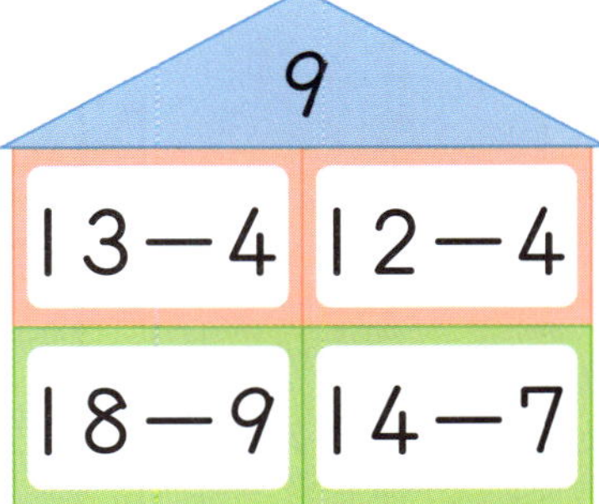

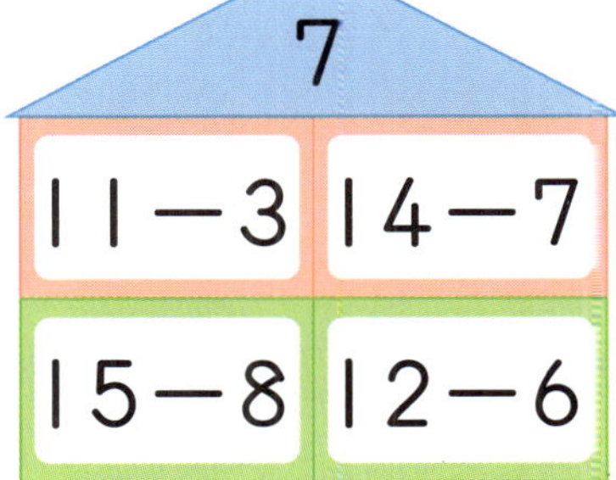

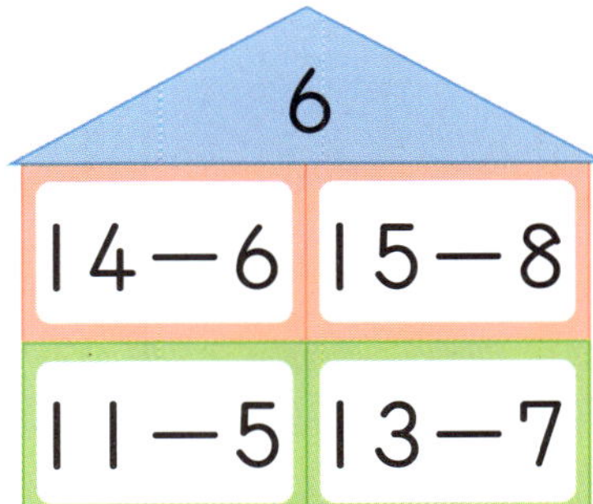

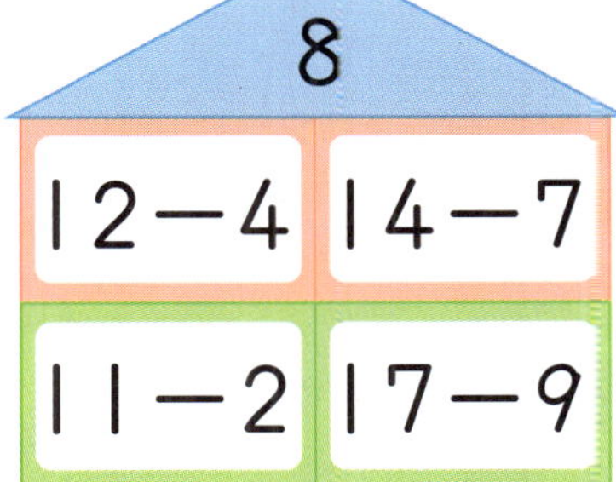

무엇을 배웠을까요

▲ 가로셈을 세로셈으로 나타내세요.

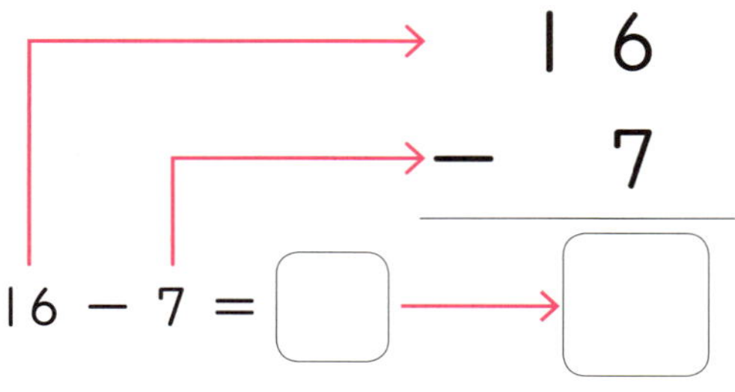

$$16 - 7 = \boxed{} \rightarrow \boxed{}$$

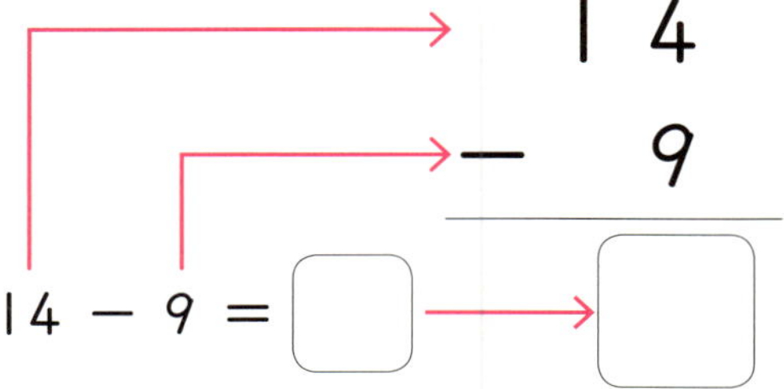

$$14 - 9 = \boxed{} \rightarrow \boxed{}$$

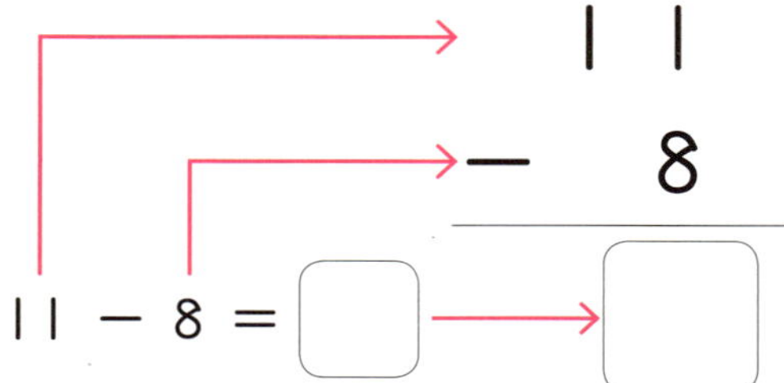

$$11 - 8 = \boxed{} \rightarrow \boxed{}$$

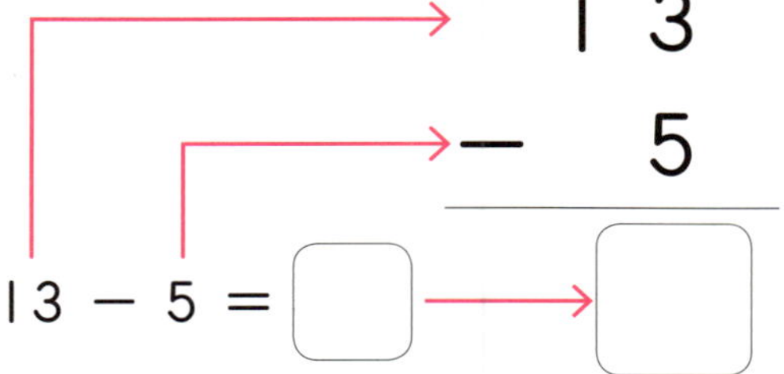

$$13 - 5 = \boxed{} \rightarrow \boxed{}$$

▲ 뺄셈을 하여 나온 결과를 찾아 ◯표 하세요.

12−4		
7	8	9
4	5	6
1	2	3

15−7		
7	8	9
4	5	6
1	2	3

13−6		
7	8	9
4	5	6
1	2	3

16−9		
7	8	9
4	5	6
1	2	3

17−8		
7	8	9
4	5	6
1	2	3

11−6		
7	8	9
4	5	6
1	2	3

🌲 주어진 숫자를 ⬜ 안에 알맞게 쓰세요.

🌲 계산 결과가 같은 식끼리 선으로 이으세요.

10−1 ·	· 11−3
15−7 ·	· 12−3

14−5 ·	· 17−9
10−2 ·	· 16−7

13−9 ·	· 11−7
10−3 ·	· 16−9

12−7 ·	· 11−6
10−8 ·	· 11−9

연산력 게임

블록 맞추기

세로셈으로 뺄셈을 해 보세요.

아래쪽에서 알맞은 블록을 찾아 손가락으로 끌어서 넣으세요.
9를 넣으면 정답입니다.

뺄셈을 하여 수레를 끌 버스를 찾아보세요.

아래쪽에서 알맞은 버스를 찾아 빈 곳에 손가락으로 끌어서 넣으세요.
7을 넣으면 정답입니다.

부릉부릉 캠핑을 떠나요

연산 보충 학습

❖ 뺄셈을 하세요.

$15 - 4 = \boxed{}$ 　　　　 $11 - 1 = \boxed{}$

$16 - 2 = \boxed{}$ 　　　　 $14 - 3 = \boxed{}$

$17 - 1 = \boxed{}$ 　　　　 $19 - 7 = \boxed{}$

$$\begin{array}{r} 1\ 2 \\ -\ \ \ 1 \\ \hline \end{array} \qquad \begin{array}{r} 1\ 3 \\ -\ \ \ 3 \\ \hline \end{array} \qquad \begin{array}{r} 1\ 8 \\ -\ \ \ 5 \\ \hline \end{array}$$

$$\begin{array}{r} 1\ 5 \\ -\ \ \ 3 \\ \hline \end{array} \qquad \begin{array}{r} 1\ 7 \\ -\ \ \ 2 \\ \hline \end{array} \qquad \begin{array}{r} 1\ 9 \\ -\ \ \ 8 \\ \hline \end{array}$$

❖ ☐ 안에 알맞은 수를 쓰세요.

$13 - \boxed{} = 12$
$\qquad$
$14 - \boxed{} = 12$

$16 - \boxed{} = 13$
$\qquad$
$18 - \boxed{} = 14$

$15 - \boxed{} = 10$
$\qquad$
$18 - \boxed{} = 11$

$17 - \boxed{} = 15$
$\qquad$
$19 - \boxed{} = 13$

$\boxed{} - 3 = 15$
$\qquad$
$\boxed{} - 4 = 15$

$\boxed{} - 5 = 11$
$\qquad$
$\boxed{} - 4 = 13$

❖ ☐ 안에 알맞은 수를 쓰세요.

$10 - 7 + 5 = \boxed{}$

$\boxed{} + 5 = \boxed{}$

$10 - 3 + 2 = \boxed{}$

$\boxed{} + 2 = \boxed{}$

$13 - 6 = \boxed{}$

$\boxed{} - 6 + 3$

$\boxed{} + 3 = \boxed{}$

$16 - 9 = \boxed{}$

$\boxed{} - 9 + 6$

$\boxed{} + 6 = \boxed{}$

$12 - 7 = \boxed{}$

$\boxed{} - 7 + 2$

$\boxed{} + 2 = \boxed{}$

$17 - 8 = \boxed{}$

$\boxed{} - 8 + 7$

$\boxed{} + 7 = \boxed{}$

❖ ☐ 안에 알맞은 수를 쓰세요.

$$14 - 4 - 3 = \boxed{}$$
$$\boxed{} - 3 = \boxed{}$$

$$18 - 8 - 1 = \boxed{}$$
$$\boxed{} - 1 = \boxed{}$$

$$11 - 4 = \boxed{}$$
$$11 - 1 - \boxed{}$$
$$\boxed{} - \boxed{} = \boxed{}$$

$$12 - 6 = \boxed{}$$
$$12 - 2 - \boxed{}$$
$$\boxed{} - \boxed{} = \boxed{}$$

$$16 - 7 = \boxed{}$$
$$16 - \boxed{} - \boxed{}$$
$$\boxed{} - 1 = \boxed{}$$

$$13 - 8 = \boxed{}$$
$$13 - \boxed{} - \boxed{}$$
$$\boxed{} - 5 = \boxed{}$$

관련 쪽수: 58~75쪽

❖ ☐ 안에 알맞은 수를 쓰세요.

$$12 - 5 = \boxed{}$$
$$(+5) \quad (+5)$$
$$17 - 10 = \boxed{}$$

$$17 - 9 = \boxed{}$$
$$(+1) \quad (+1)$$
$$18 - 10 = \boxed{}$$

$$16 - 7 = \boxed{}$$
$$(+3) \quad (+3)$$
$$19 - 10 = \boxed{}$$

$$14 - 8 = \boxed{}$$
$$(+2) \quad (+2)$$
$$16 - 10 = \boxed{}$$

$$16 - 9 = \boxed{}$$
$$(-6) \quad (-6)$$
$$10 - 3 = \boxed{}$$

$$11 - 3 = \boxed{}$$
$$(-1) \quad (-1)$$
$$10 - 2 = \boxed{}$$

$$13 - 7 = \boxed{}$$
$$(-3) \quad (-3)$$
$$10 - 4 = \boxed{}$$

$$15 - 8 = \boxed{}$$
$$(-5) \quad (-5)$$
$$10 - 3 = \boxed{}$$

❖ **뺄셈을 하세요.**

$11 - 2 = \boxed{}$　　　　$12 - 3 = \boxed{}$

$13 - 5 = \boxed{}$　　　　$11 - 6 = \boxed{}$

$14 - 8 = \boxed{}$　　　　$13 - 4 = \boxed{}$

$15 - 6 = \boxed{}$　　　　$16 - 8 = \boxed{}$

$16 - 9 = \boxed{}$　　　　$14 - 5 = \boxed{}$

$15 - 7 = \boxed{}$　　　　$17 - 8 = \boxed{}$

$18 - 9 = \boxed{}$　　　　$17 - 9 = \boxed{}$

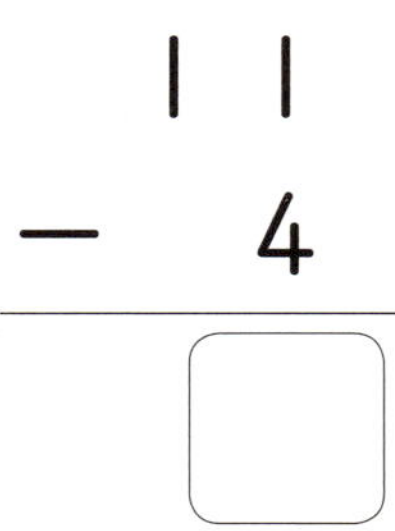

❖ 뺄셈을 하세요.

$$\begin{array}{r} 1\ 1 \\ -\quad 4 \\ \hline \square \end{array}\qquad \begin{array}{r} 1\ 3 \\ -\quad 5 \\ \hline \square \end{array}\qquad \begin{array}{r} 1\ 5 \\ -\quad 6 \\ \hline \square \end{array}$$

$$\begin{array}{r} 1\ 6 \\ -\quad 8 \\ \hline \square \end{array}\qquad \begin{array}{r} 1\ 4 \\ -\quad 7 \\ \hline \square \end{array}\qquad \begin{array}{r} 1\ 8 \\ -\quad 9 \\ \hline \square \end{array}$$

❖ 주어진 수를 ⬭ 안에 알맞게 쓰세요.

$$\boxed{2}\ \boxed{7}\qquad \begin{array}{r} 1\ \square \\ -\quad \square \\ \hline 5 \end{array}$$

$$\boxed{1}\ \boxed{3}\qquad \begin{array}{r} \square\ 1 \\ -\quad \square \\ \hline 8 \end{array}$$

$$\boxed{4}\ \boxed{9}\qquad \begin{array}{r} 1\ \square \\ -\quad \square \\ \hline 5 \end{array}$$

$$\boxed{7}\ \boxed{9}\qquad \begin{array}{r} 1\ \square \\ -\quad 8 \\ \hline \square \end{array}$$

201 개수 세어 빼기

6 7

다람쥐가 주머니에 들어 있는 도토리를 친구에게 나누어 주었어요.

$16 - 5 = \boxed{11}$

🌳 그림을 보고 뺄셈을 하세요.

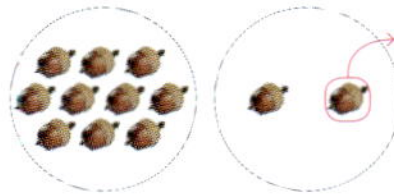
$12 - 1 = \boxed{11}$

$15 - 2 = \boxed{13}$

$18 - 6 = \boxed{12}$

$17 - 4 = \boxed{13}$

🌳 빼는 수만큼 / 로 지우고 ☐ 안에 알맞은 수를 쓰세요.

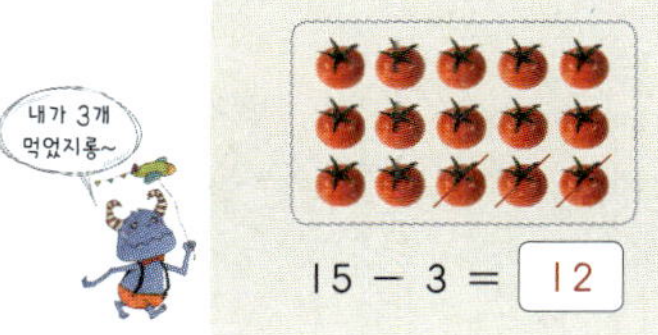

$15 - 3 = \boxed{12}$

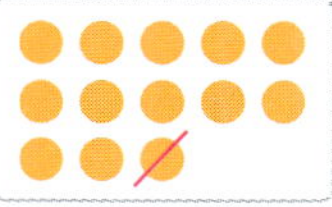
$13 - 1 = \boxed{12}$

$14 - 3 = \boxed{11}$

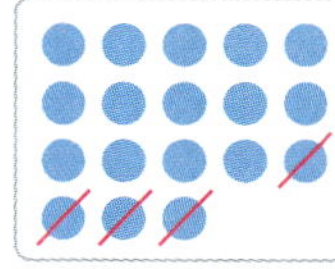
$18 - 4 = \boxed{14}$

$19 - 6 = \boxed{13}$

---

8 9

초록색 연결큐브가 파란색 연결큐브보다 13개 더 많아요.

$16 - 3 = \boxed{13}$

🌳 그림을 보고 뺄셈을 하세요.

$14 - 2 = \boxed{12}$

$13 - 3 = \boxed{10}$

$16 - 3 = \boxed{13}$

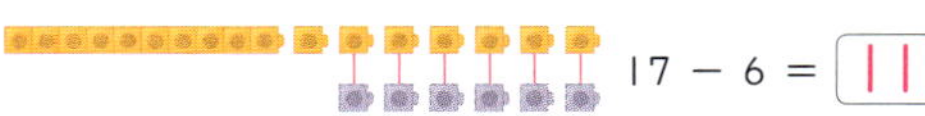
$17 - 6 = \boxed{11}$

🌳 뺄셈을 하세요.

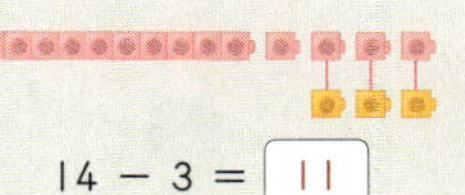

$14 - 3 = \boxed{11}$

$12 - 1 = \boxed{11}$ $18 - 4 = \boxed{14}$

$17 - 5 = \boxed{12}$ $19 - 6 = \boxed{13}$

$16 - 1 = \boxed{15}$ $17 - 3 = \boxed{14}$

$18 - 2 = \boxed{16}$ $19 - 7 = \boxed{12}$

공부한 날 월 일

10 · 11

202 뛰어서 빼기

지오와 태경이가 돌다리를 거꾸로 뛰어서 뺄셈을 해요.

● 빈 곳에 알맞은 수를 쓰고 뺄셈을 하세요.

$13 - 2 = 11$

$19 - 6 = 13$

$19 - 1 = 18$

● 뺄셈을 하세요.

$15 - 2 = 13$

$18 - 3 = 15$

$15 - 3 = 12$

$14 - 4 = 10$

$12 - 1 = 11$

$19 - 5 = 14$

---

12 · 13

거꾸로 뛴 수를 알면 뺄셈을 할 수 있어요.

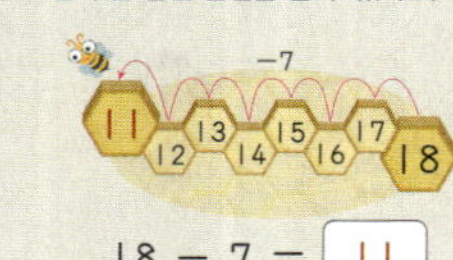

● 빈 곳에 알맞은 수를 쓰고 뺄셈을 하세요.

$17 - 2 = 15$

$19 - 6 = 13$

$18 - 3 = 15$

$16 - 4 = 12$

$19 - 3 = 16$

$18 - 5 = 13$

● 뺄셈을 하세요.

$13 - 1 = 12$

$16 - 2 = 14$

$15 - 4 = 11$

$19 - 3 = 16$

$17 - 3 = 14$

$18 - 6 = 12$

$18 - 5 = 13$

$19 - 8 = 11$

공부한 날
월
일

203 가로셈과 세로셈

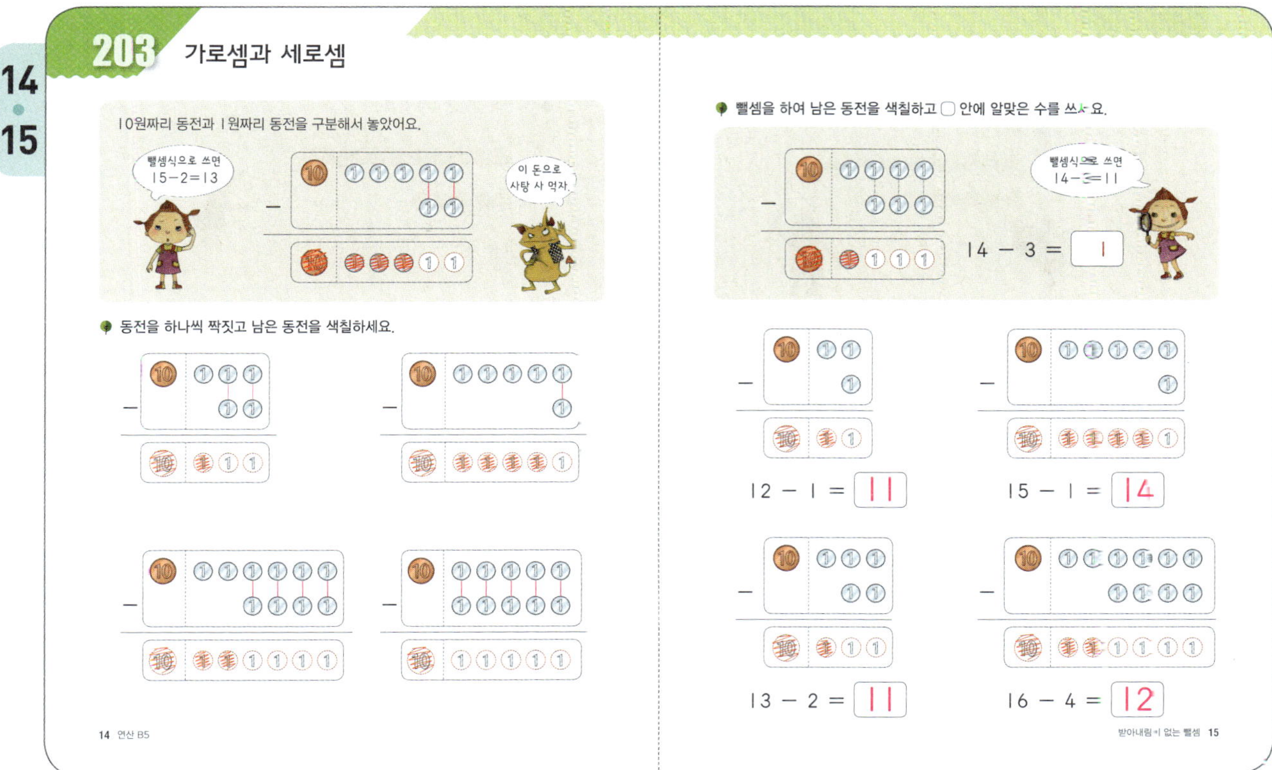

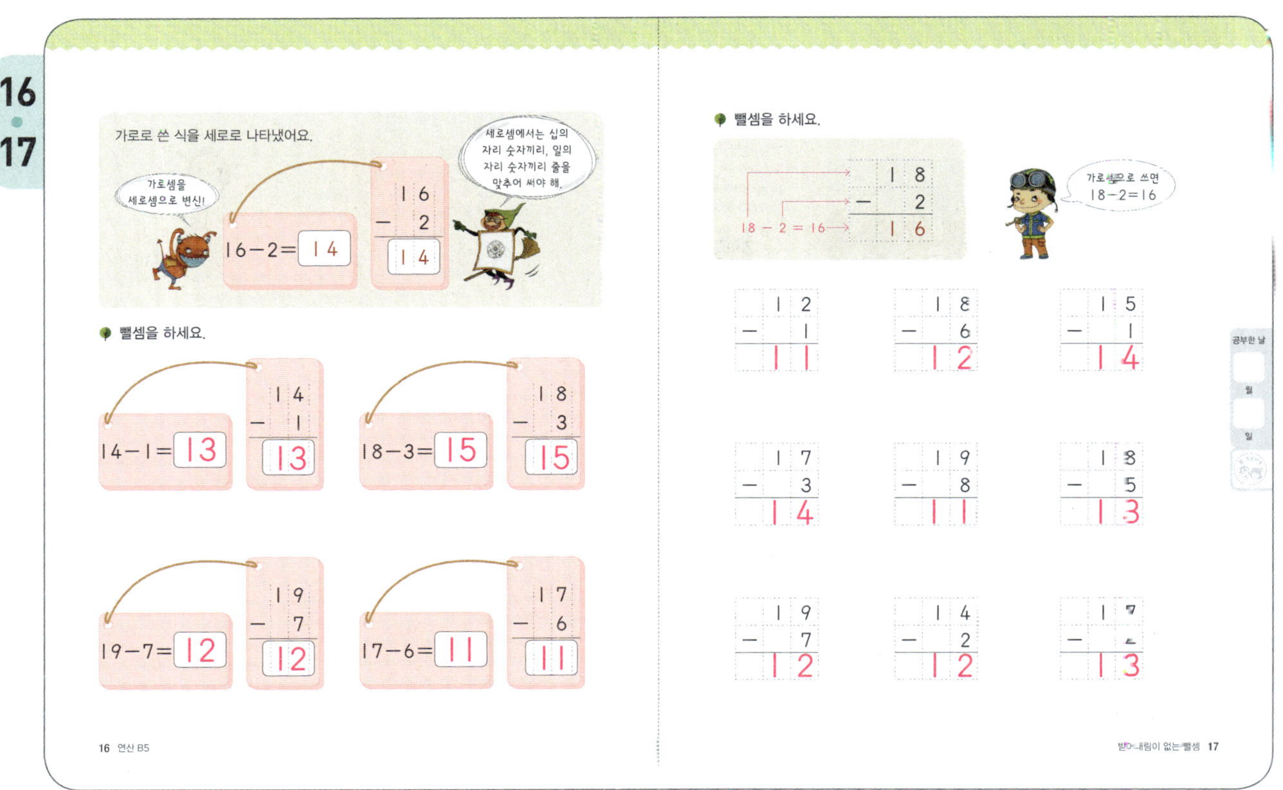

공부한 날
월
일

정답 **3**

204 □가 있는 뺄셈

18 · 19

● 오른쪽 수만큼 남도록 /로 지우고 □ 안에 알맞은 수를 쓰세요.

15 → 10   15 − 5 = 10

19 → 13   19 − 6 = 13

18 → 17   18 − 1 = 17

● □ 안에 알맞은 수를 쓰세요.

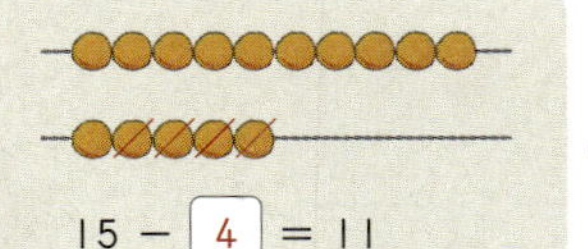

15 − 4 = 11

16 − 2 = 14   13 − 2 = 11

17 − 5 = 12   15 − 3 = 12

18 − 5 = 13   14 − 1 = 13

19 − 8 = 11   16 − 3 = 13

---

20 · 21

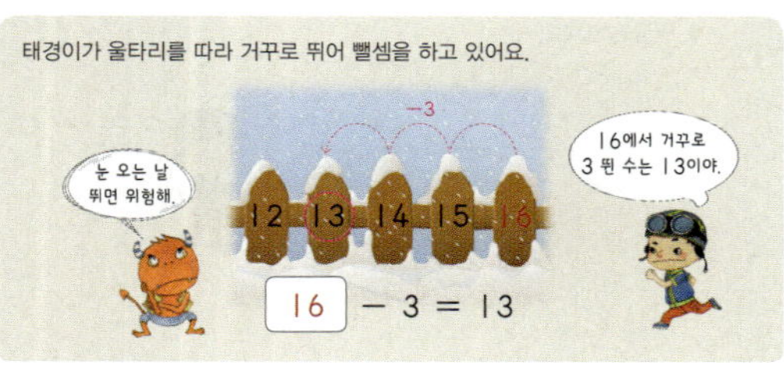

● □ 안에 알맞은 수를 쓰세요.

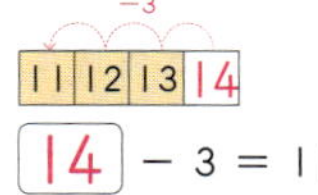
−3
11 12 13 14
14 − 3 = 11

−2
15 16 17
17 − 2 = 15

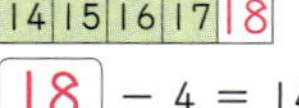
−4
14 15 16 17 18
18 − 4 = 14

−2
12 13 14
14 − 2 = 12

−5
14 15 16 17 18 19
19 − 5 = 14

−6
13 14 15 16 17 18 19
19 − 6 = 13

● □ 안에 알맞은 수를 쓰세요.

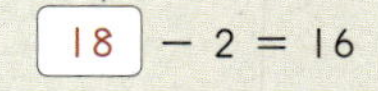

18 − 2 = 16

16 − 1 = 15   16 − 3 = 13

13 − 2 = 11   17 − 5 = 12

19 − 4 = 15   18 − 1 = 17

18 − 6 = 12   19 − 3 = 16

17 − 3 = 14   19 − 8 = 11

공부한 날
월
일

205 두 수의 차

태경이가 요괴를 피해서 집을 찾아가고 있어요. 뺄셈을 하여 빈칸에 알맞은 수를 쓰세요.

빈칸에 알맞은 수를 쓰세요.

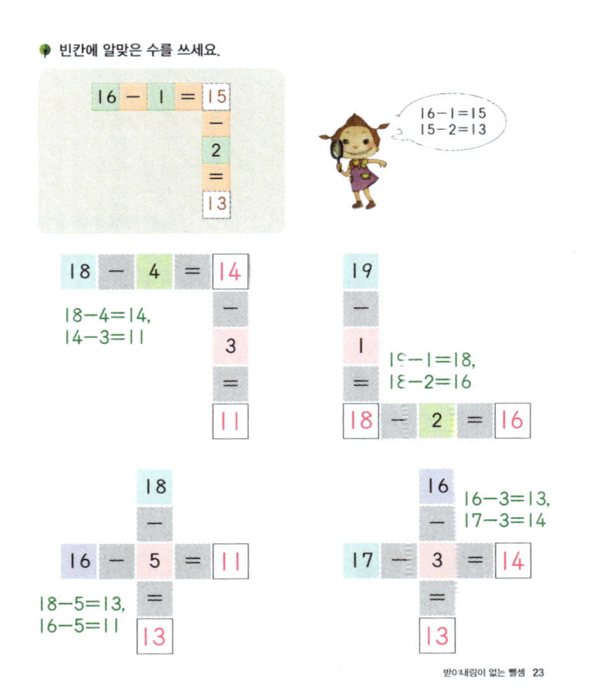

꿀벌이 뺄셈의 답을 찾아가고 있어요.

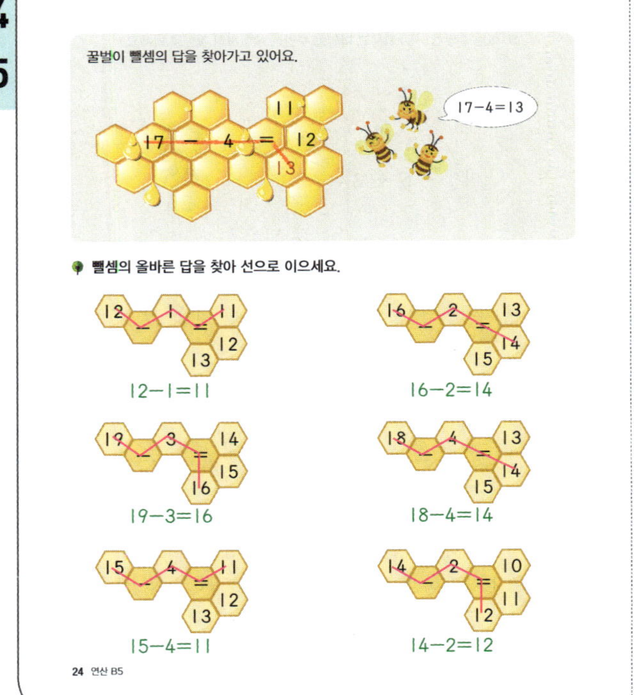

뺄셈의 올바른 답을 찾아 선으로 이으세요.

뺄셈의 올바른 답을 찾아 선으로 이으세요.

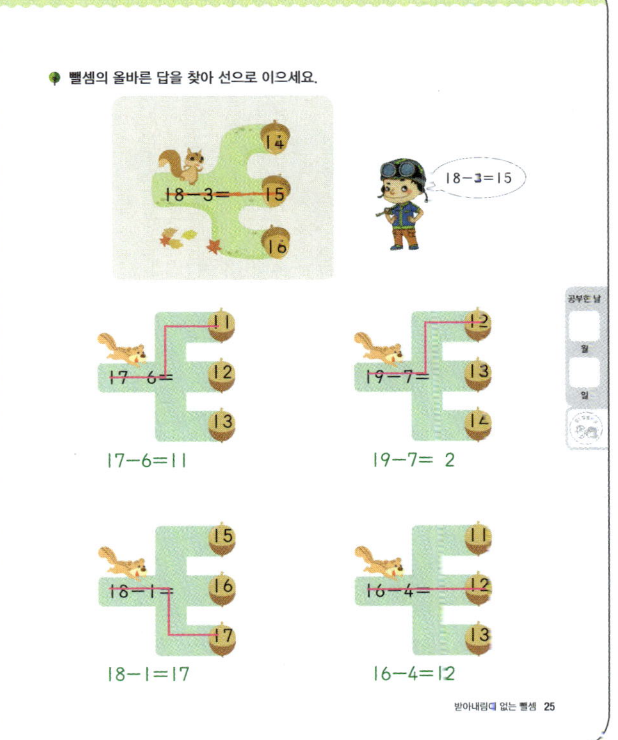

무엇을 배웠을까요

26 27

▲ 그림을 보고 뺄셈을 하세요.

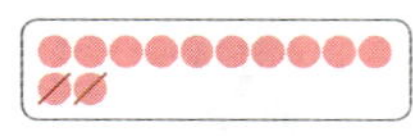

$12 - 2 = \boxed{10}$

$15 - 4 = \boxed{11}$

$16 - 4 = \boxed{12}$

$19 - 7 = \boxed{12}$

▲ ☐ 안에 알맞은 수를 쓰세요.

$14 - 2 = \boxed{12}$

$16 - 3 = \boxed{13}$

$17 - 2 = \boxed{15}$

$19 - 5 = \boxed{14}$

▲ 뺄셈을 하세요.

	1	2
−		1
		11

	1	8
−		6
		12

	1	5
−		5
		10

	1	7
−		3
		14

	1	9
−		2
		17

	1	8
−		7
		11

▲ 그림을 보고 ☐ 안에 알맞은 수를 쓰세요.

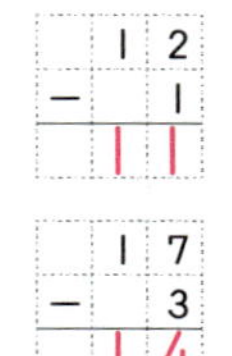
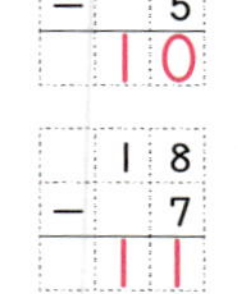

$14 - \boxed{3} = 11$

$17 - \boxed{4} = 13$

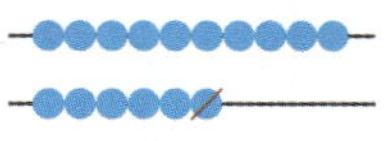

$16 - \boxed{1} = 15$

$18 - \boxed{6} = 12$

---

206 10에서 빼고 더하기

30 31

태경이의 풍선 10개 중에서 4개가 터졌는데 지오가 풍선 3개를 더 가져왔어요.

$10 - 4 + 3 = \boxed{9}$

🌱 그림을 보고 ☐ 안에 알맞은 수를 쓰세요.

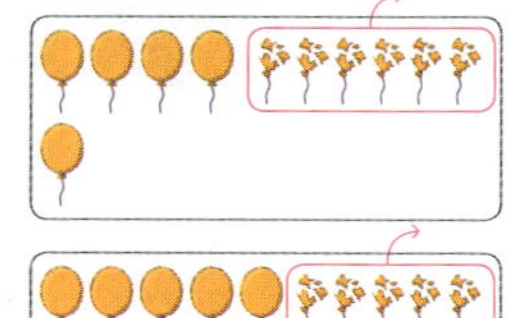

$10 - 6 + 1 = \boxed{5}$

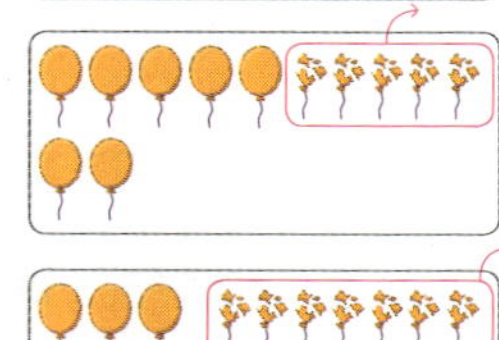

$10 - 5 + 2 = \boxed{7}$

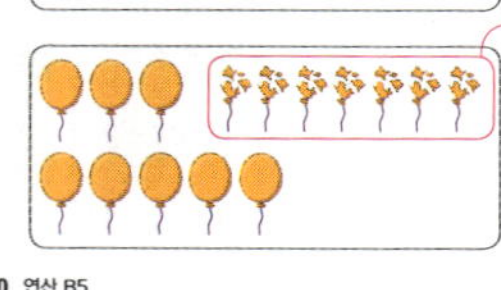

$10 - 7 + 5 = \boxed{8}$

🌱 빼는 수만큼 ╱로 지우고 더하는 수만큼 색칠하여 계산을 하세요.

$10 - 6 + 2 = \boxed{6}$

$10 - 5 + 4 = \boxed{9}$

$10 - 4 + 1 = \boxed{7}$

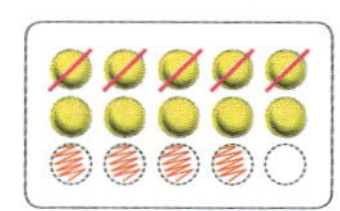

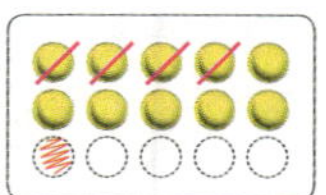

$10 - 6 + 4 = \boxed{8}$

$10 - 3 + 1 = \boxed{8}$

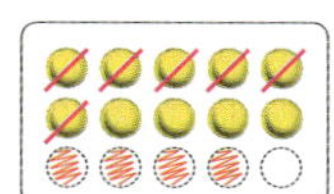

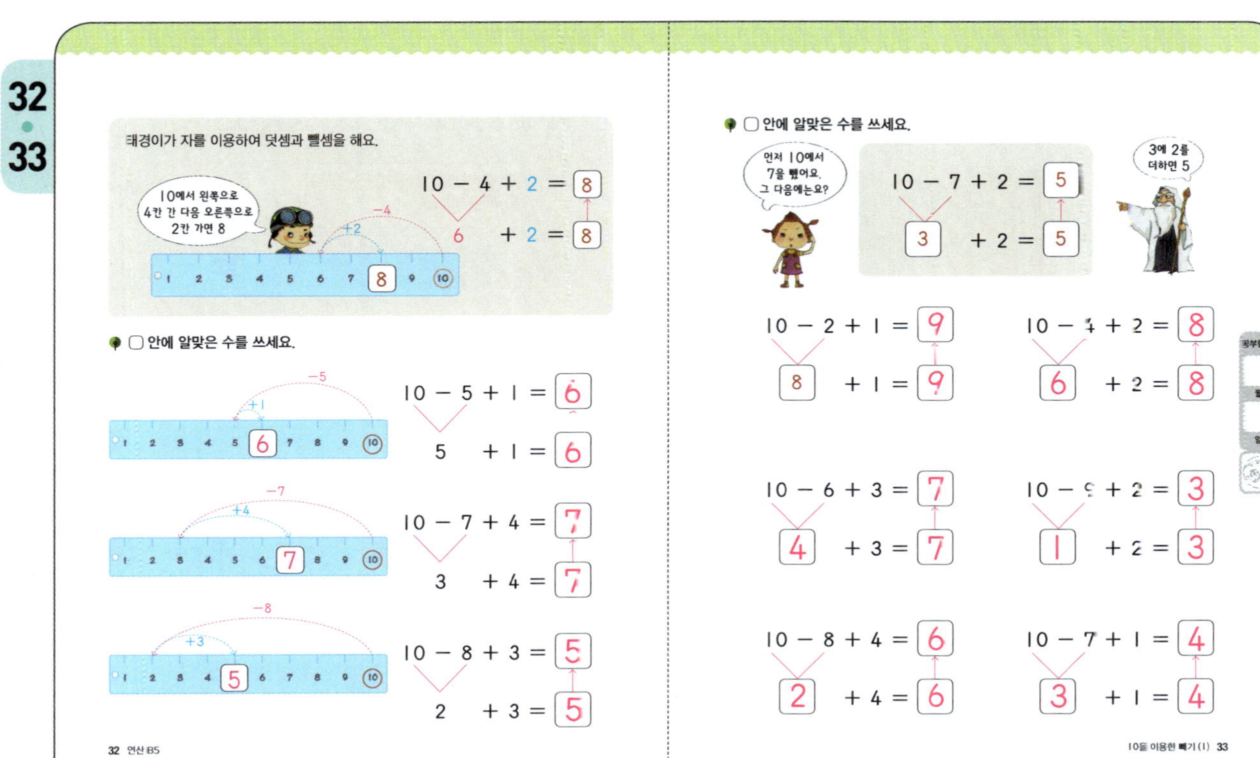

207 앞의 수를 갈라 10 만들어 빼기 (1)

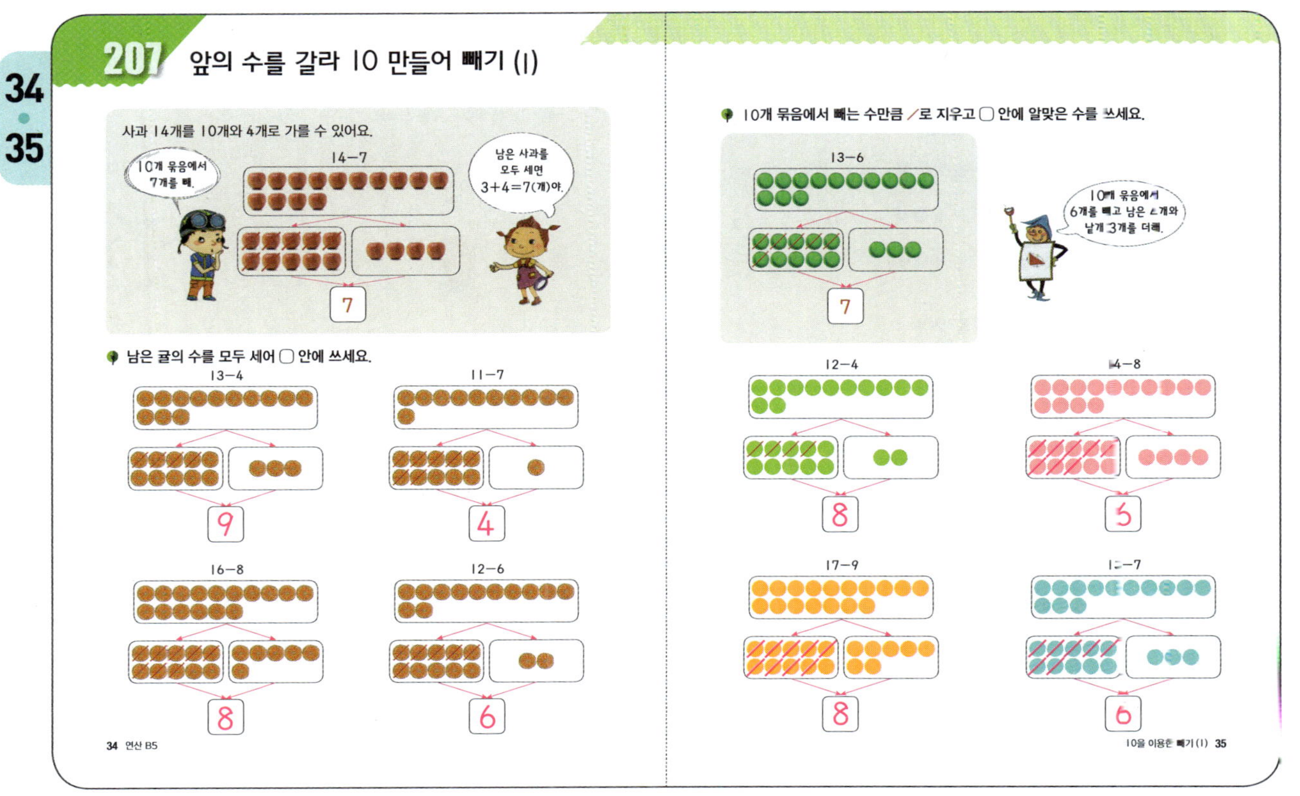

36 · 37

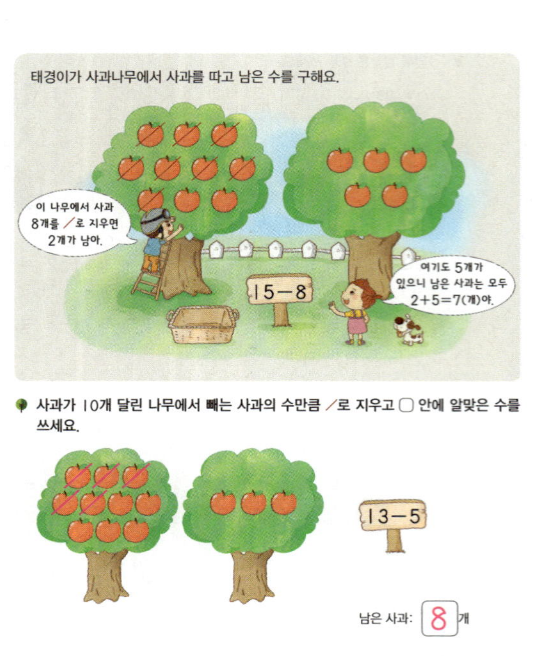

● 사과가 10개 달린 나무에서 빼는 사과의 수만큼 / 로 지우고 ⬜ 안에 알맞은 수를 쓰세요.

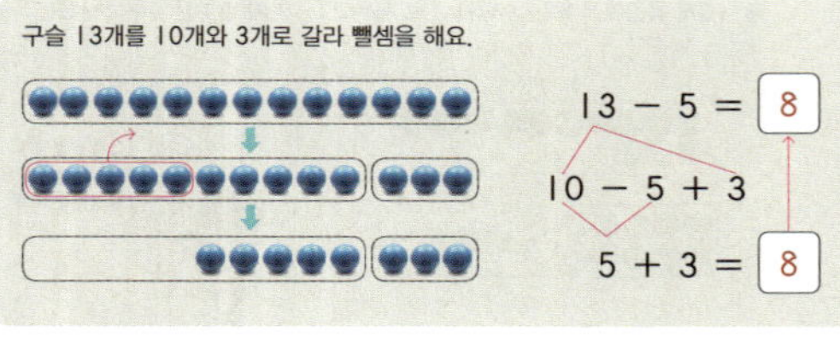

● 10개 묶음에서 빼는 수만큼 / 로 지우고 뺄셈을 하세요.

15 − 8 = 7

12 − 5 = 7   13 − 4 = 9

12 − 8 = 4   11 − 5 = 6

15 − 6 = 9   16 − 9 = 7

---

38 · 39

208 앞의 수를 갈라 10 만들어 빼기 (2)

구슬 13개를 10개와 3개로 갈라 뺄셈을 해요.

$$13 - 5 = 8$$
$$10 - 5 + 3$$
$$5 + 3 = 8$$

● 그림을 보고 ⬜ 안에 알맞은 수를 쓰세요.

$$12 - 7 = 5$$
$$10 - 7 + 2$$
$$3 + 2 = 5$$

$$14 - 8 = 6$$
$$10 - 8 + 4$$
$$2 + 4 = 6$$

● ⬜ 안에 알맞은 수를 쓰세요.

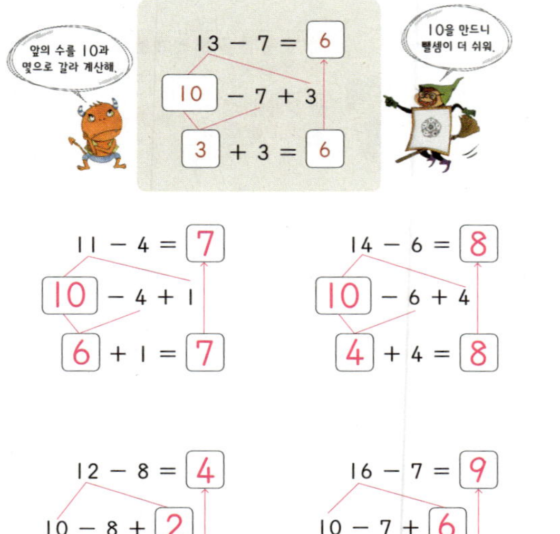

$$11 - 4 = 7$$
$$10 - 4 + 1$$
$$6 + 1 = 7$$

$$14 - 6 = 8$$
$$10 - 6 + 4$$
$$4 + 4 = 8$$

$$12 - 8 = 4$$
$$10 - 8 + 2$$
$$2 + 2 = 4$$

$$16 - 7 = 9$$
$$10 - 7 + 6$$
$$3 + 6 = 9$$

울타리의 맨 앞에 있는 수를 10과 몇으로 갈라 뺄셈을 할 수 있어요.

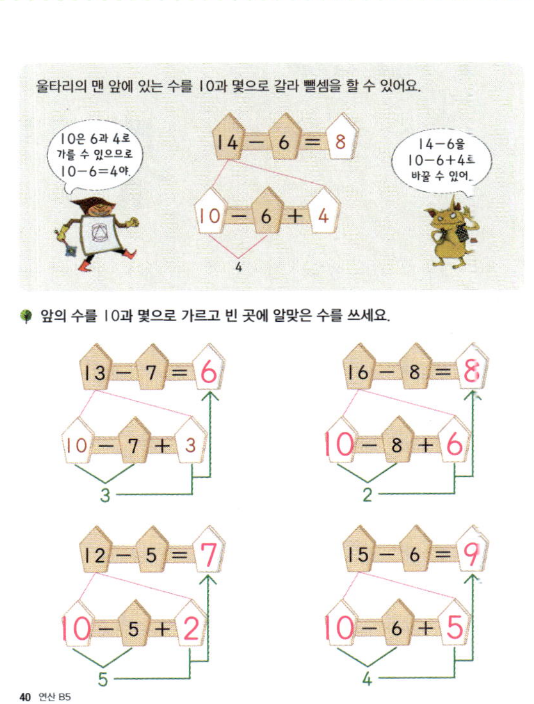

● 앞의 수를 10과 몇으로 가르고 빈 곳에 알맞은 수를 쓰세요.

13 − 7 = 6
10 − 7 + 3
3

16 − 8 = 8
10 − 8 + 6
2

12 − 5 = 7
10 − 5 + 2
5

15 − 6 = 9
10 − 6 + 5
4

● ☐ 안에 알맞은 수를 쓰세요.

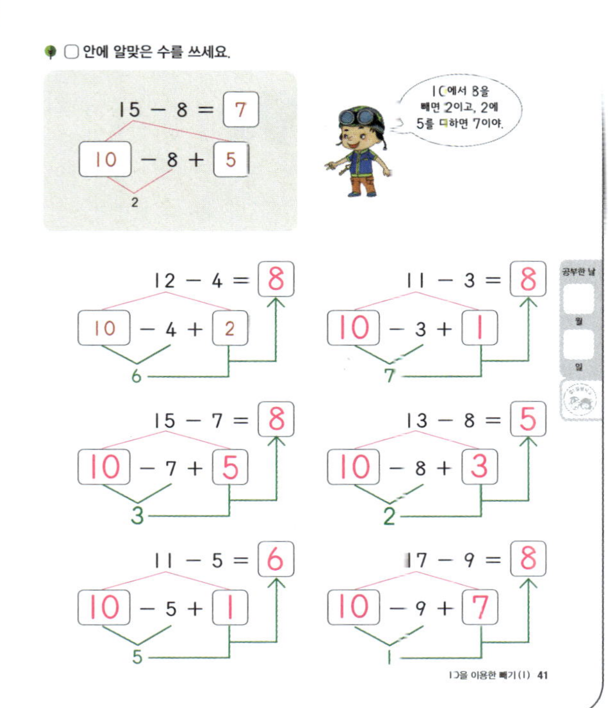

12 − 4 = 8
10 − 4 + 2
6

11 − 3 = 8
10 − 3 + 1
7

15 − 7 = 8
10 − 7 + 5
3

13 − 8 = 5
10 − 8 + 3
2

11 − 5 = 6
10 − 5 + 1
5

17 − 9 = 8
10 − 9 + 7
1

---

209 10을 만들어 빼고 빼기

지오가 연결큐브를 덜어 내어 뺄셈을 해요.

● 그림을 보고 ☐ 안에 알맞은 수를 쓰세요.

14 − 4 − 1 = 9

12 − 2 − 5 = 5

11 − 1 − 4 = 6

13 − 3 − 7 = 3

15 − 5 − 2 = 8

16 − 6 − 3 = 7

● 빼는 수만큼 ╱로 지우고 ☐ 안에 알맞은 수를 쓰세요.

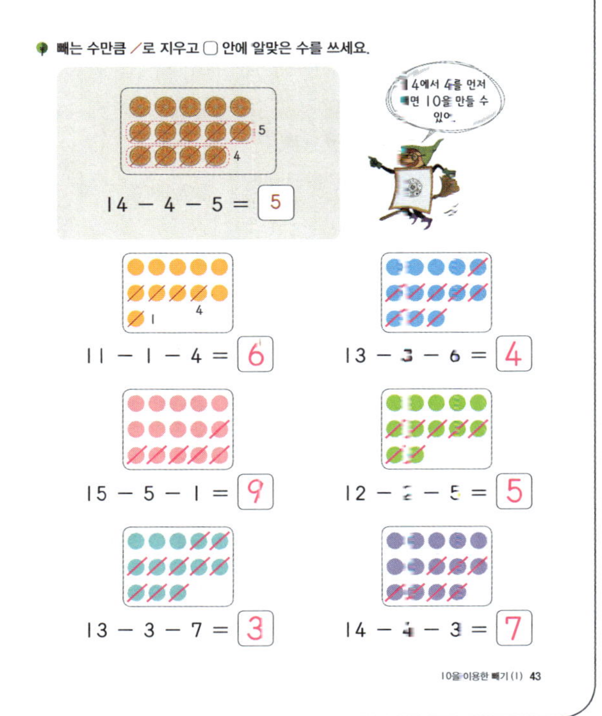

11 − 1 − 4 = 6

13 − 3 − 6 = 4

15 − 5 − 1 = 9

12 − 2 − 5 = 5

13 − 3 − 7 = 3

14 − 4 − 3 = 7

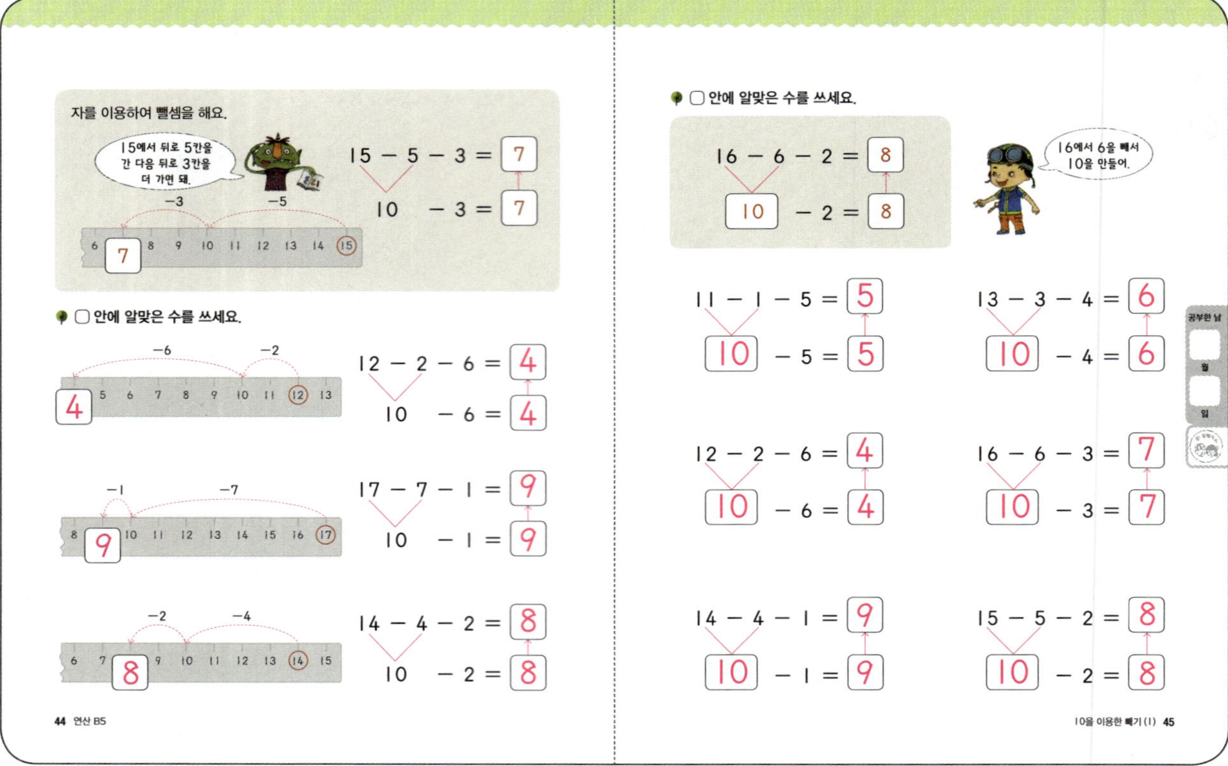
44 • 45

자를 이용하여 뺄셈을 해요.

15에서 뒤로 5칸을
간 다음 뒤로 3칸을
더 가면 돼.

15 − 5 − 3 = 7
10 − 3 = 7

−3   −5
6 7 8 9 10 11 12 13 14 15
7

□ 안에 알맞은 수를 쓰세요.

−6   −2
4 5 6 7 8 9 10 11 12 13
4

12 − 2 − 6 = 4
10 − 6 = 4

−1   −7
8 9 10 11 12 13 14 15 16 17
9

17 − 7 − 1 = 9
10 − 1 = 9

−2   −4
6 7 8 9 10 11 12 13 14 15
8

14 − 4 − 2 = 8
10 − 2 = 8

44 연산 B5

□ 안에 알맞은 수를 쓰세요.

16 − 6 − 2 = 8
10 − 2 = 8

16에서 6을 빼서
10을 만들어.

11 − 1 − 5 = 5
10 − 5 = 5

13 − 3 − 4 = 6
10 − 4 = 6

12 − 2 − 6 = 4
10 − 6 = 4

16 − 6 − 3 = 7
10 − 3 = 7

14 − 4 − 1 = 9
10 − 1 = 9

15 − 5 − 2 = 8
10 − 2 = 8

10을 이용한 빼기 (1) 45

46 • 47

210 뒤의 수를 갈라 10 만들어 빼기 (1)

태경이가 사과를 10개 묶음과 낱개 4개로 나누었어요.

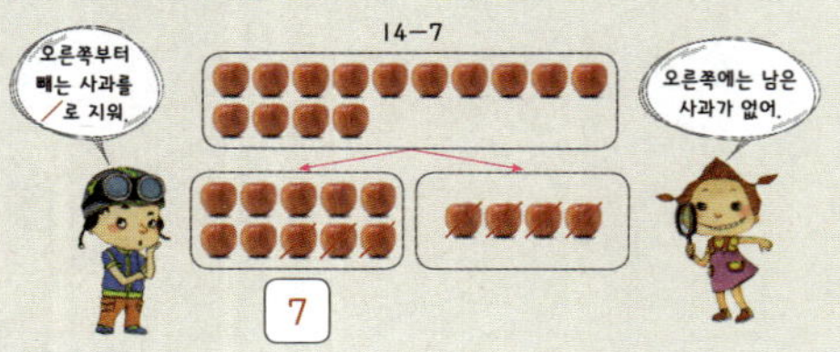

14−7

오른쪽부터
빼는 사과를
로 지워.

오른쪽에는 남은
사과가 없어.

7

남은 귤의 수를 세어 □ 안에 쓰세요.

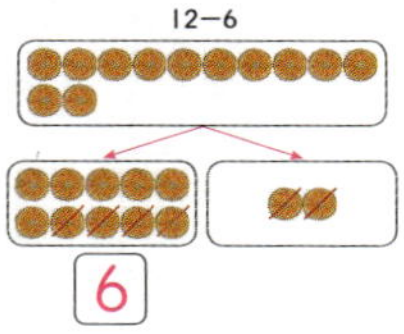

12−6
6

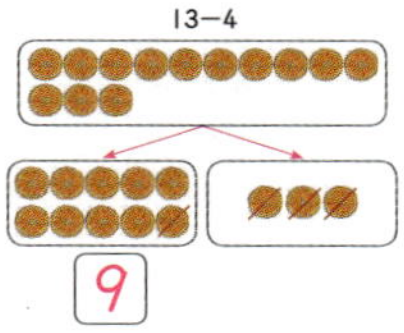

13−4
9

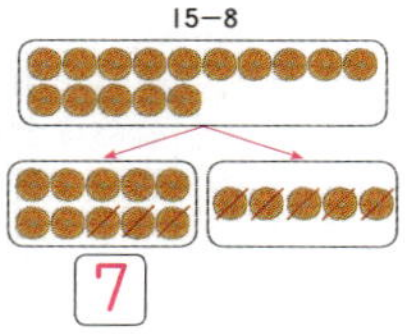

15−8
7

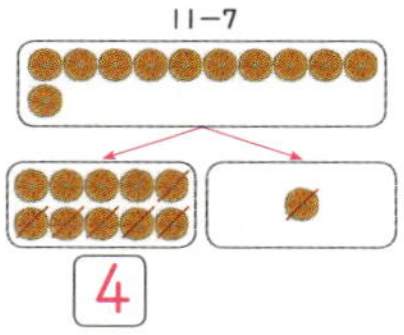

11−7
4

낱개의 묶음부터 빼는 수만큼 /로 지우고 남은 수를 세어 □ 안에 알맞은 수를 쓰세요.

13−6
7

왼쪽에 남은 이
7개이니까
13−6=7이야.

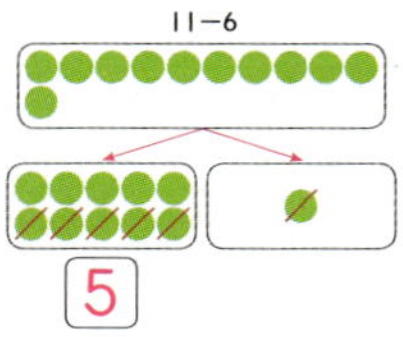

11−6
5

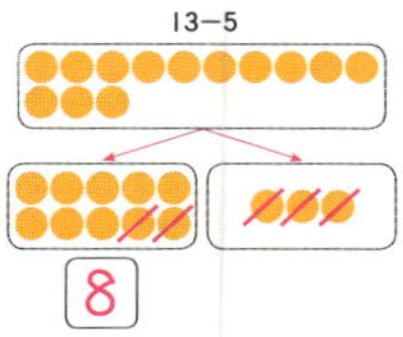

13−5
8

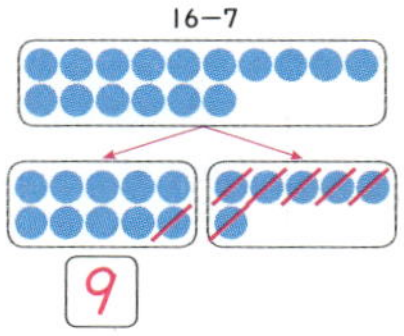

16−7
9

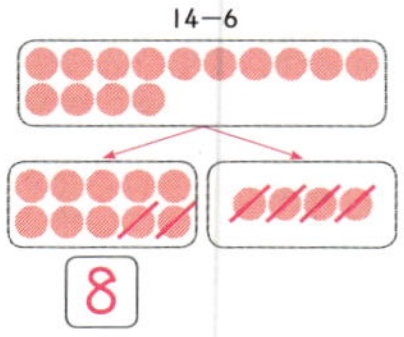

14−6
8

46 연산 B5

10을 이용한 빼기 (1) 47

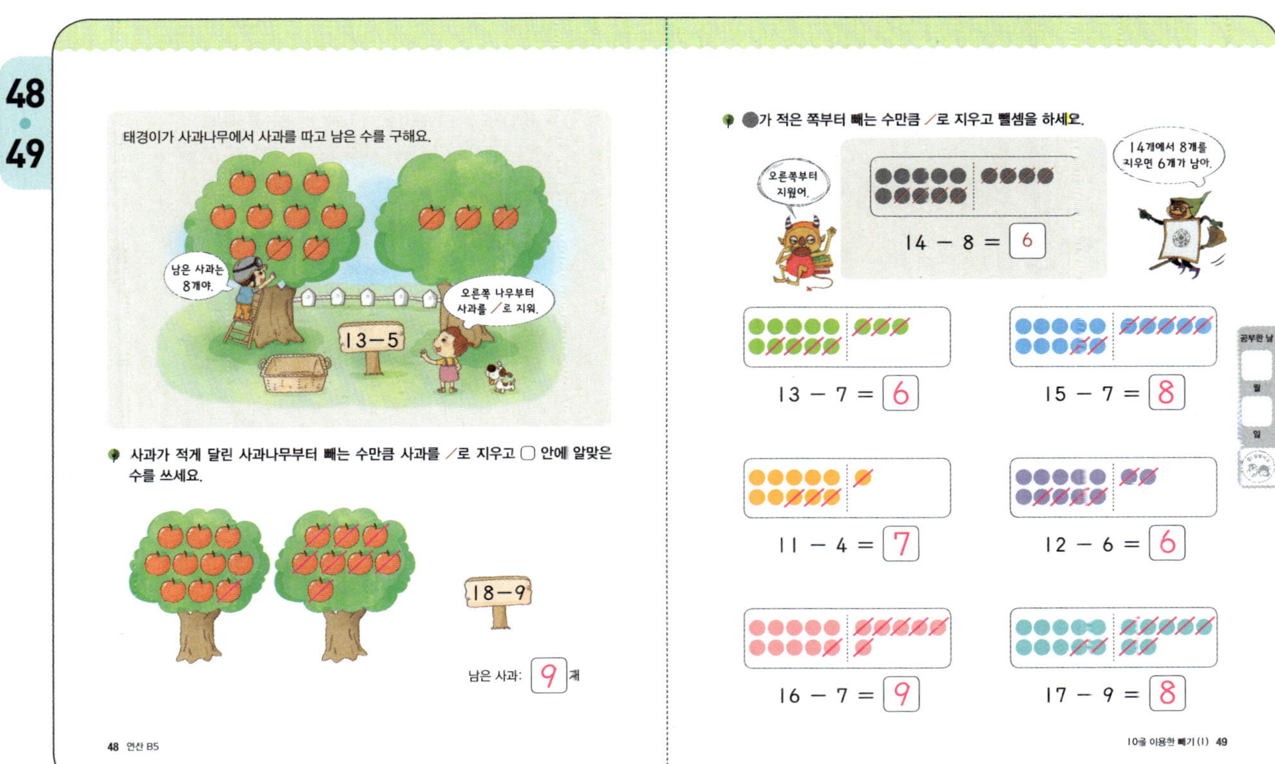

211 뒤의 수를 갈라 10 만들어 빼기 (2)

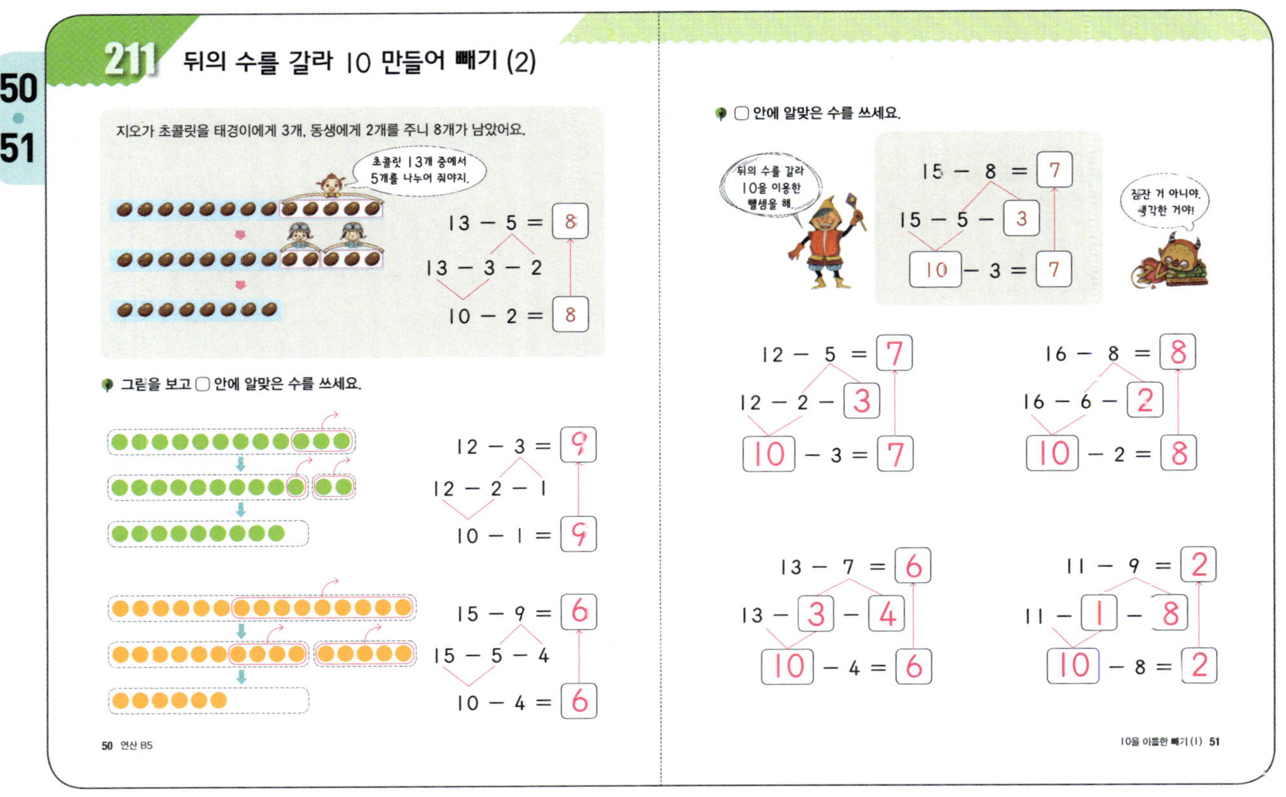

정답 **11**

9를 4와 5로 갈라 울타리를 완성해요.

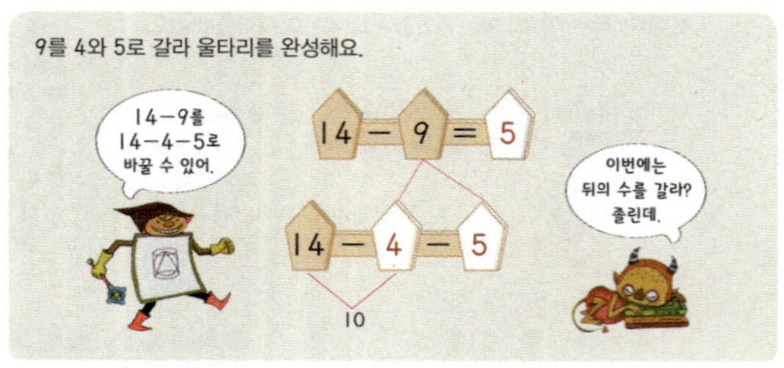

🌱 뒤의 수를 갈라 10을 만들고 빈 곳에 알맞은 수를 쓰세요.

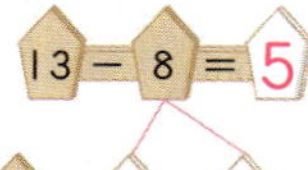 13 − 8 = 5
 13 − 3 − 5

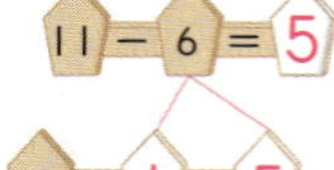 11 − 6 = 5
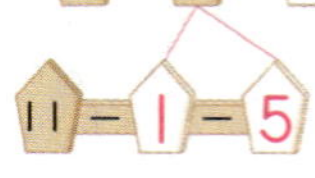 11 − 1 − 5

 17 − 9 = 8
 17 − 7 − 2

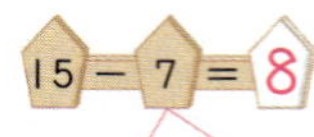 15 − 7 = 8
15 − 5 − 2

🌳 뒤의 수를 갈라 10을 만들고 ☐ 안에 알맞은 수를 쓰세요.

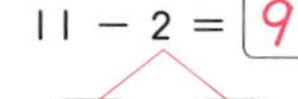
16 − 7 = 9
16 − 6 − 1
10

15 − 9 = 6
15 − 5 − 4

12 − 8 = 4
12 − 2 − 6

11 − 2 = 9
11 − 1 − 1

13 − 6 = 7
13 − 3 − 3

18 − 9 = 9
18 − 8 − 1

14 − 7 = 7
14 − 4 − 3

🧩 무엇을 배웠을까요

♠ 빼는 수만큼 /로 지우고 더하는 수만큼 색칠하여 계산을 하세요.

10 − 7 + 5 = 8

10 − 4 + 2 = 8

10 − 8 + 3 = 5

10 − 9 + 6 = 7

♣ 빈칸에 알맞은 수를 쓰세요.

−6   −3
4   5 6 7 8 9 10 11 12 13

13 − 3 − 6 = 4
10 − 6 = 4

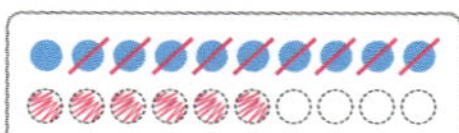
−1   −7
8   9 10 11 12 13 14 15 16 17

17 − 7 − 1 = 9
10 − 1 = 9

♠ ☐ 안에 알맞은 수를 쓰세요.

11 − 2 = 9
10 − 2 + 1
8 + 1 = 9

15 − 6 = 9
10 − 6 + 5
4 + 5 = 9

12 − 5 = 7
12 − 2 − 3
10 − 3 = 7

14 − 7 = 7
14 − 4 − 3
10 − 3 = 7

16 − 8 = 8
16 − 6 − 2
10 − 2 = 8

18 − 9 = 9
18 − 8 − 1
10 − 1 = 9

212 같은 수를 더해 10 만들어 빼기 (1)

🌰 그림을 보고 뺄셈을 하세요.

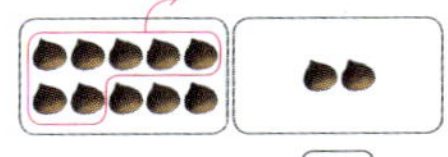

$12 - 7 = 5$

$13 - 8 = 5$

$14 - 9 = 5$

$15 - 10 = 5$

🌰 ╱로 더 지운 수만큼 ●를 더 그렸어요. 그림을 보고 □안에 알맞은 수를 쓰세요.

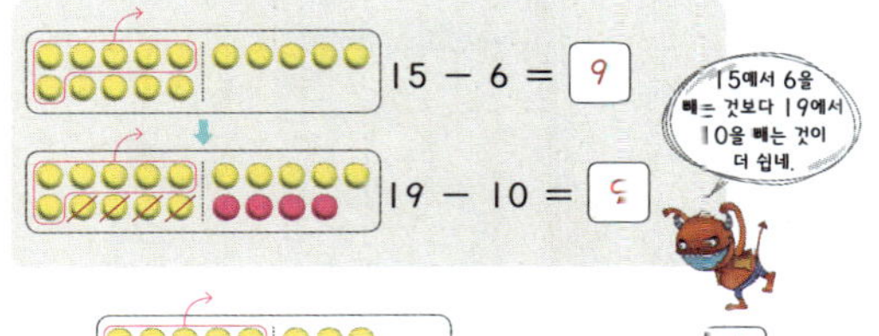

$15 - 6 = 9$

$19 - 10 = 9$

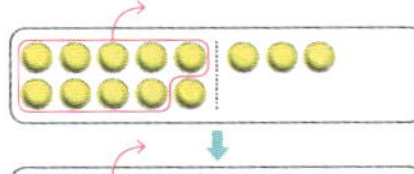

$13 - 7 = 4$

$14 - 10 = 4$

$17 - 8 = 9$

$19 - 10 = 9$

14에서 6을 빼는 것과 18에서 10을 빼는 것의 결과는 같아요.

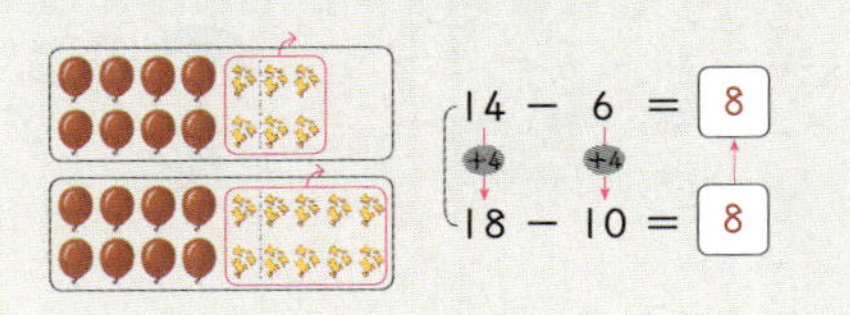

$14 - 6 = 8$
$18 - 10 = 8$

🎈 그림을 보고 □ 안에 알맞은 수를 쓰세요.

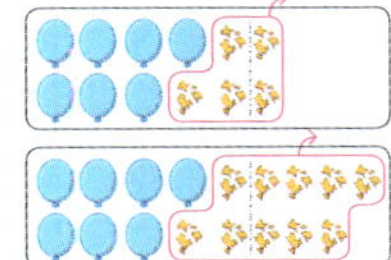

$12 - 5 = 7$
$17 - 10 = 7$

$15 - 7 = 8$
$18 - 10 = 8$

🎈 □ 안에 알맞은 수를 쓰세요.

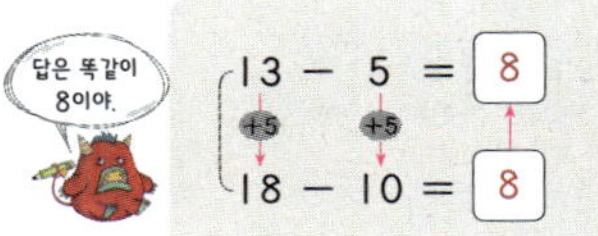

$13 - 5 = 8$
$18 - 10 = 8$

$12 - 3 = 9$
$19 - 10 = 9$

$14 - 3 = 6$
$16 - 10 = 6$

$11 - 6 = 5$
$15 - 10 = 5$

$15 - 7 = 8$
$18 - 10 = 8$

$16 - 9 = 7$
$17 - 10 = 7$

$13 - 8 = 5$
$15 - 10 = 5$

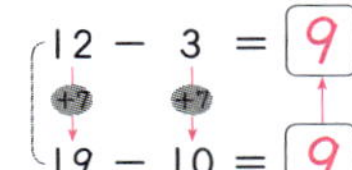

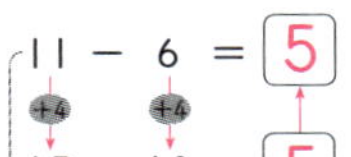

정답 **13**

62
63

213 같은 수를 더해 IO 만들어 빼기 (2)

같은 수를 더해 IO을 만들어 계산하는 신기한 모래시계가 있어요.

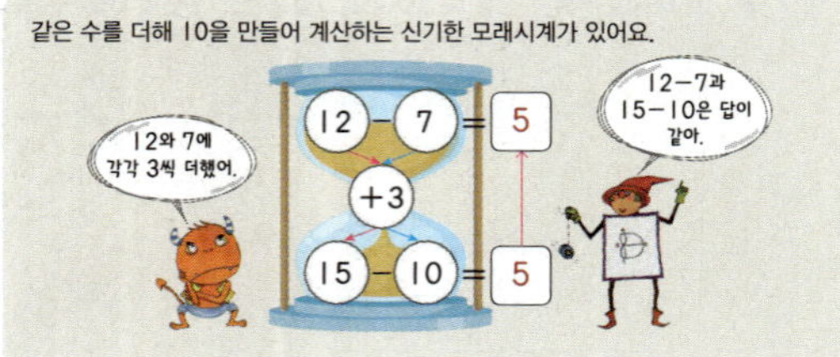

🌱 빈 곳에 알맞은 수를 쓰세요.

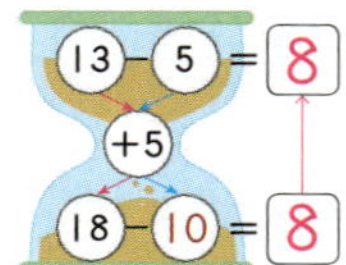

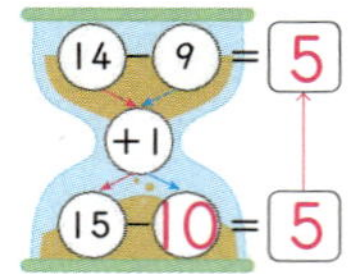

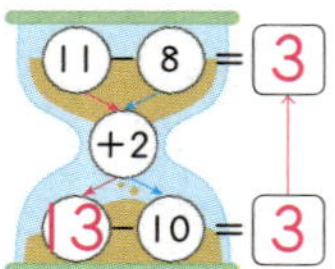

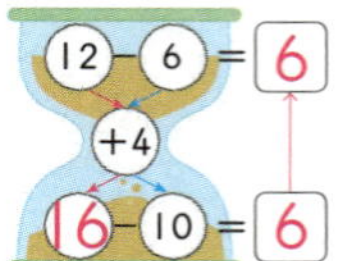

🌱 ☐ 안에 알맞은 수를 쓰세요.

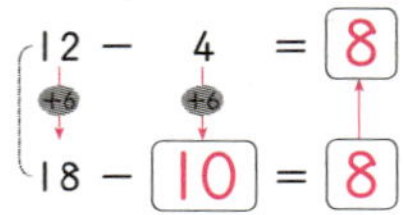

$12 - 4 = 8$
$18 - 10 = 8$ ($+6$ $+6$)

$11 - 7 = 4$
$14 - 10 = 4$ ($+3$ $+3$)

$14 - 6 = 8$
$18 - 10 = 8$ ($+4$ $+4$)

$17 - 8 = 9$
$19 - 10 = 9$ ($+2$ $+2$)

$15 - 9 = 6$
$16 - 10 = 6$ ($+1$ $+1$)

$12 - 3 = 9$
$19 - 10 = 9$ ($+7$ $+7$)

64
65

두 뺄셈 기차의 계산 결과는 같아요.

🌱 같은 수를 더해 IO을 만들어 뺄셈을 하세요.

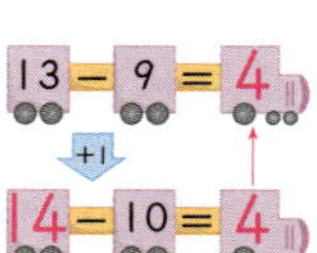

🌱 같은 수를 더해 IO을 만들어 뺄셈을 하세요.

$11 - 8 = 3$ ($+2$ $+2$)
$13 - 10 = 3$

$13 - 6 = 7$ ($+4$ $+4$)
$17 - 10 = 7$

$12 - 5 = 7$ ($+5$ $+5$)
$17 - 10 = 7$

$17 - 9 = 8$ ($+1$ $+1$)
$18 - 10 = 8$

$13 - 7 = 6$ ($+3$ $+3$)
$16 - 10 = 6$

$15 - 6 = 9$ ($+4$ $+4$)
$19 - 10 = 9$

$18 - 9 = 9$ ($+1$ $+1$)
$19 - 10 = 9$

$12 - 8 = 4$ ($+2$ $+2$)
$14 - 10 = 4$

공부한 날
월
일

214 같은 수를 빼서 10 만들어 빼기 (1)

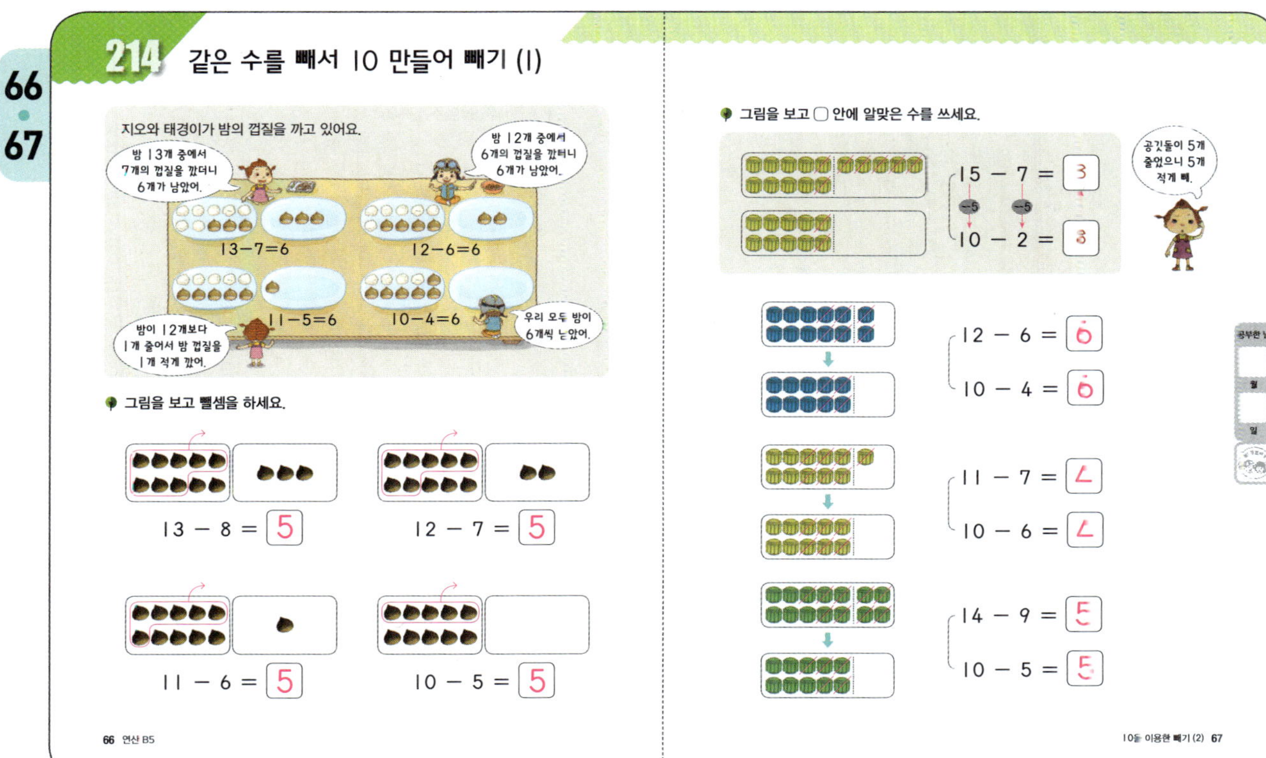

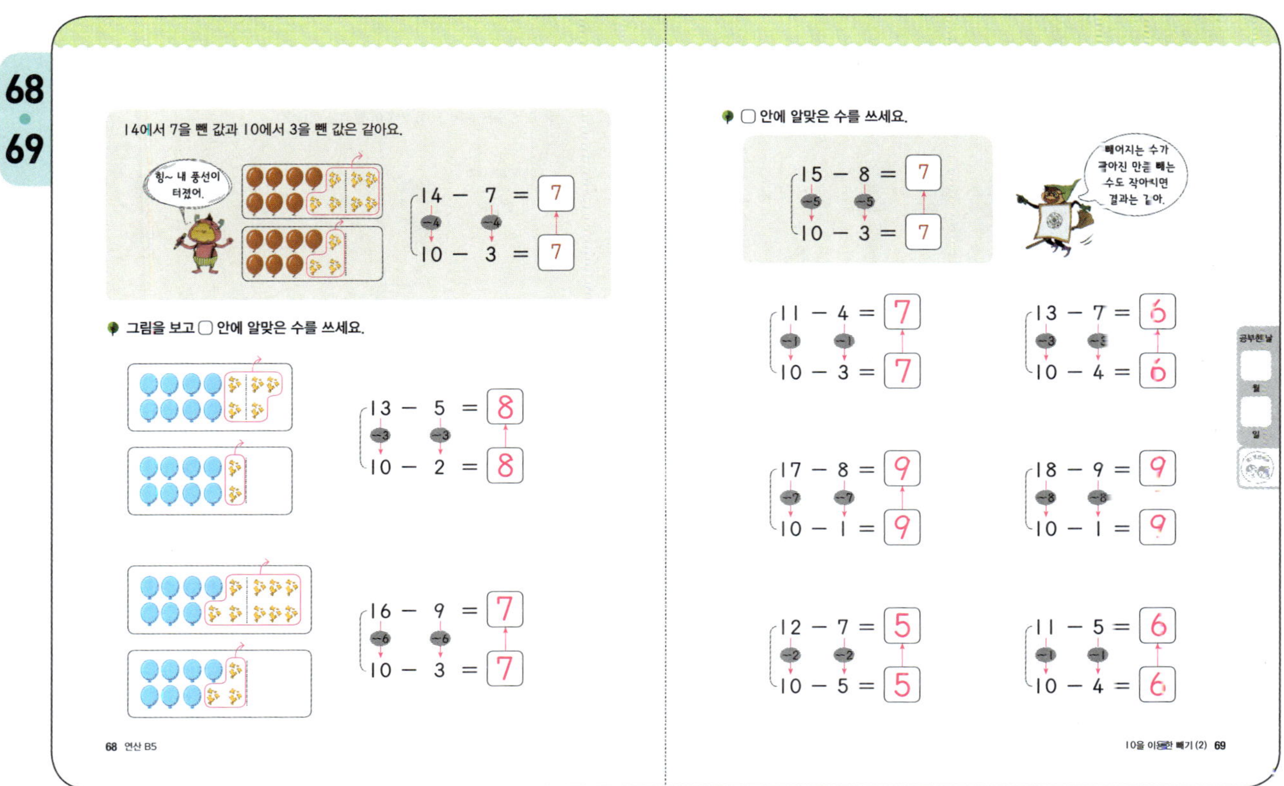

정답 **15**

215 같은 수를 빼서 10 만들어 빼기 (2)

같은 수를 빼서 10을 만들어 계산하는 신기한 모래시계가 있어요.

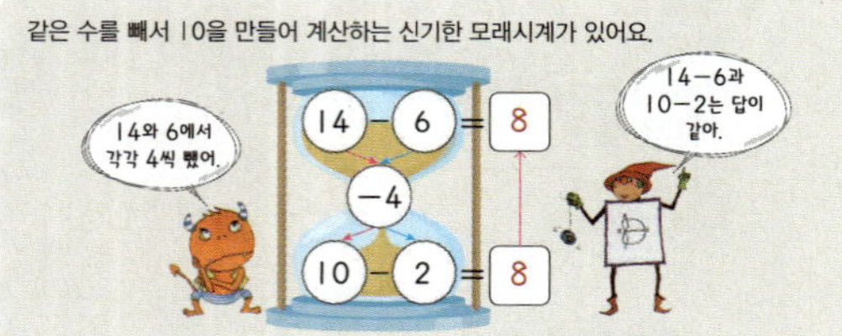

● 빈 곳에 알맞은 수를 쓰세요.

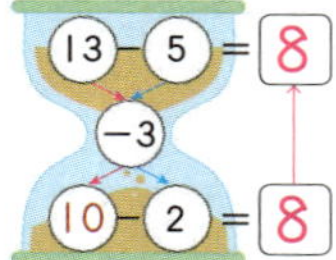

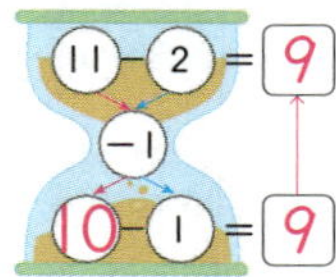

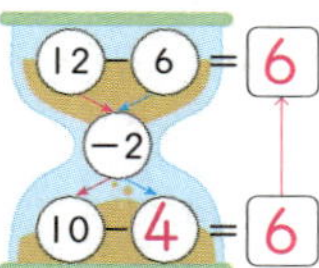

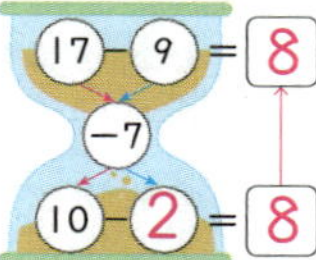

● ☐ 안에 알맞은 수를 쓰세요.

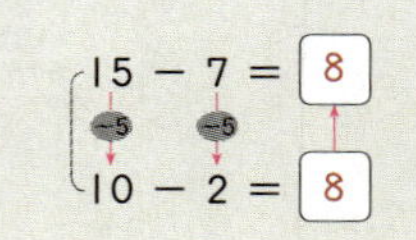

$$11 - 3 = 8$$
$$10 - 2 = 8$$

$$14 - 7 = 7$$
$$10 - 3 = 7$$

$$13 - 9 = 4$$
$$10 - 6 = 4$$

$$17 - 8 = 9$$
$$10 - 1 = 9$$

$$12 - 6 = 6$$
$$10 - 4 = 6$$

$$11 - 9 = 2$$
$$10 - 8 = 2$$

같은 수를 빼면 뺄셈 기차의 계산 결과는 같아요.

● 같은 수를 빼서 10을 만들어 뺄셈을 하세요.

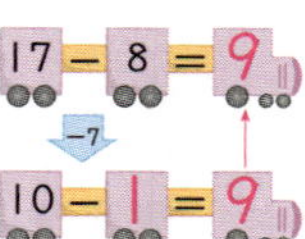

● 같은 수를 빼서 10을 만들어 뺄셈을 하세요.

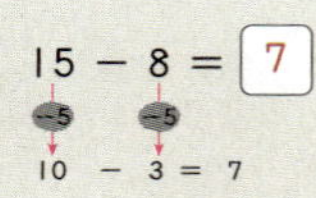

$$14 - 9 = 5$$
$$10 - 5 = 5$$

$$13 - 5 = 8$$
$$10 - 2 = 8$$

$$11 - 3 = 8$$
$$10 - 2 = 8$$

$$13 - 9 = 4$$
$$10 - 6 = 4$$

$$15 - 6 = 9$$
$$10 - 1 = 9$$

$$18 - 9 = 9$$
$$10 - 1 = 9$$

$$12 - 8 = 4$$
$$10 - 6 = 4$$

$$16 - 8 = 8$$
$$10 - 2 = 8$$

공부한 날
월
일

무엇을 배웠을까요

♠ 그림을 보고 ☐ 안에 알맞은 수를 쓰세요.

$14 - 7 = 7$ $16 - 8 = 8$

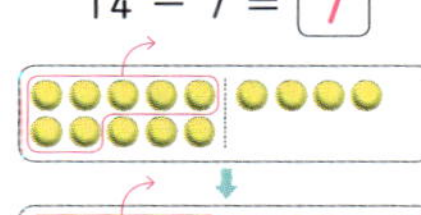

$17 - 10 = 7$ $18 - 10 = 8$

♠ 같은 수를 빼서 10을 만들어 뺄셈을 하세요.

$13 - 6 = 7$ -3 $10 - 3 = 7$

$11 - 9 = 2$ -1 $10 - 8 = 2$

$15 - 7 = 8$ -5 $10 - 2 = 8$

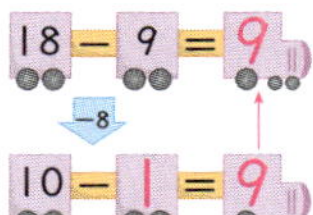

$18 - 9 = 9$ -8 $10 - 1 = 9$

♠ ☐ 안에 알맞은 수를 쓰세요.

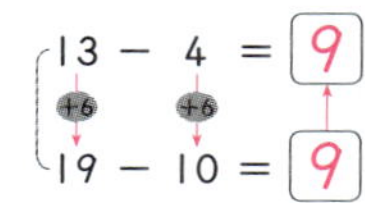

$13 - 4 = 9$ $(+6)(+6)$ $19 - 10 = 9$

$11 - 3 = 8$ $(+7)(+7)$ $18 - 10 = 8$

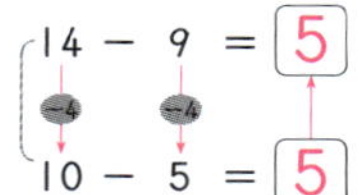

$14 - 6 = 8$ $(+4)(+4)$ $18 - 10 = 8$

$16 - 9 = 7$ $(+1)(+1)$ $17 - 10 = 7$

$14 - 9 = 5$ $(-4)(-4)$ $10 - 5 = 5$

$12 - 6 = 6$ $(-2)(-2)$ $10 - 4 = 6$

$15 - 7 = 8$ $(-5)(-5)$ $10 - 2 = 8$

$17 - 8 = 9$ $(-7)(-7)$ $10 - 1 = 9$

공부한 날   월   일

---

216 가로셈과 세로셈

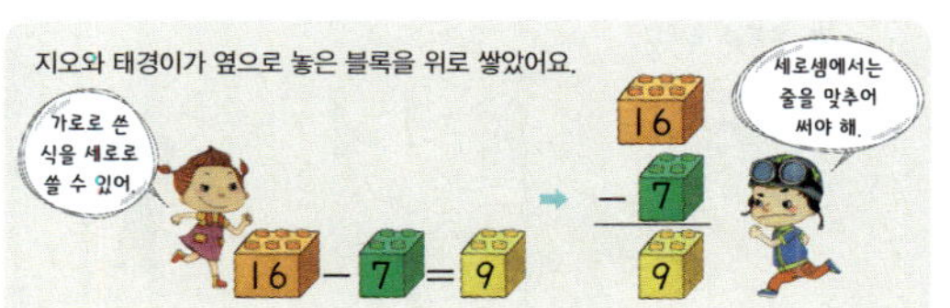

♠ 숫자 카드로 가로셈과 세로셈을 하였어요. ☐ 안에 알맞은 수를 쓰세요.

$12 - 4 = 8$

$\begin{array}{r} 12 \\ -\ \ 4 \\ \hline 8 \end{array}$

$14 - 7 = 7$

$\begin{array}{r} 14 \\ -\ \ 7 \\ \hline 7 \end{array}$

$13 - 8 = 5$

$\begin{array}{r} 13 \\ -\ \ 8 \\ \hline 5 \end{array}$

$16 - 7 = 9$

$\begin{array}{r} 16 \\ -\ \ 7 \\ \hline 9 \end{array}$

♠ 뺄셈을 하세요.

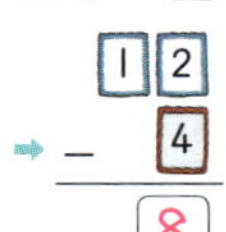

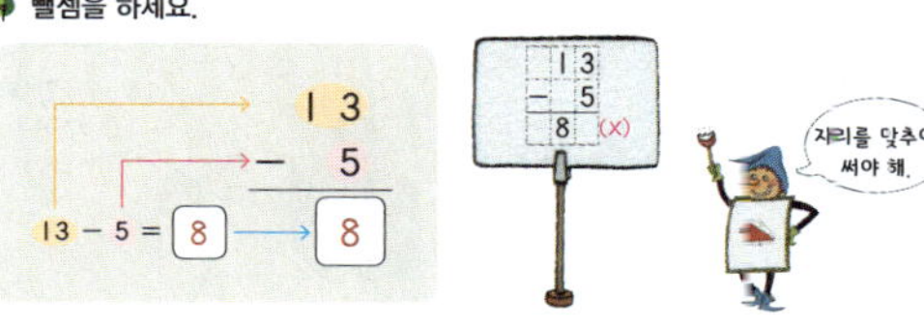

$11 - 5 = 6$ $\begin{array}{r} 11 \\ -\ \ 5 \\ \hline 6 \end{array}$ $17 - 8 = 9$ $\begin{array}{r} 17 \\ -\ \ 8 \\ \hline 9 \end{array}$

$14 - 6 = 8$ $\begin{array}{r} 14 \\ -\ \ 6 \\ \hline 8 \end{array}$ $13 - 9 = 4$ $\begin{array}{r} 13 \\ -\ \ 9 \\ \hline 4 \end{array}$

$12 - 6 = 6$ $\begin{array}{r} 12 \\ -\ \ 6 \\ \hline 6 \end{array}$ $15 - 8 = 7$ $\begin{array}{r} 15 \\ -\ \ 8 \\ \hline 7 \end{array}$

80 · 81

가로 방향과 세로 방향으로 퍼즐이 놓여 있어요.

● 뺄셈을 하세요.

● 뺄셈을 하세요.

1 1	1 4	1 3
− 8	− 7	− 5
3	7	8

1 5	1 4	1 2
− 6	− 9	− 8
9	5	4

1 4	1 5	1 3
− 8	− 7	− 4
6	8	9

217 차가 10보다 작은 뺄셈

82 · 83

7을 빼는 마법 상자에 공을 넣어요.

● 마법 상자에서 나온 공에 알맞은 수를 쓰세요.

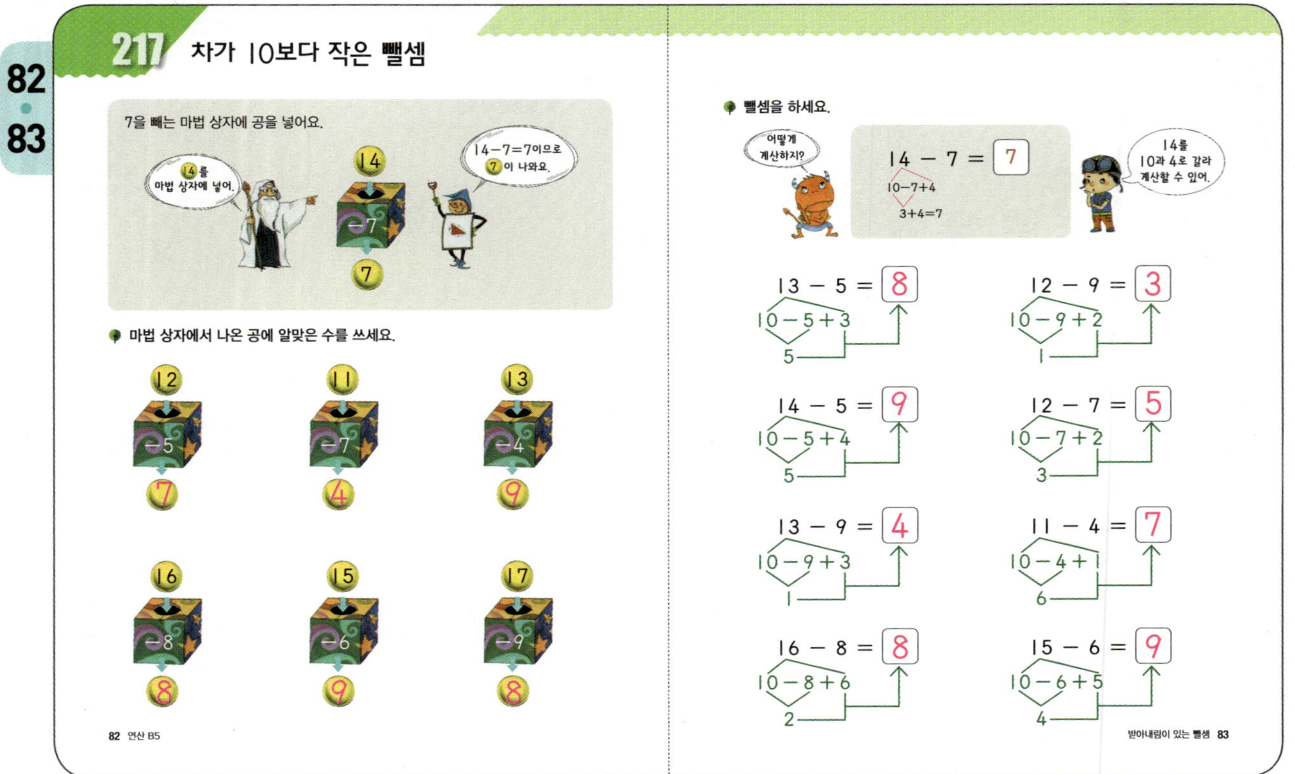

● 뺄셈을 하세요.

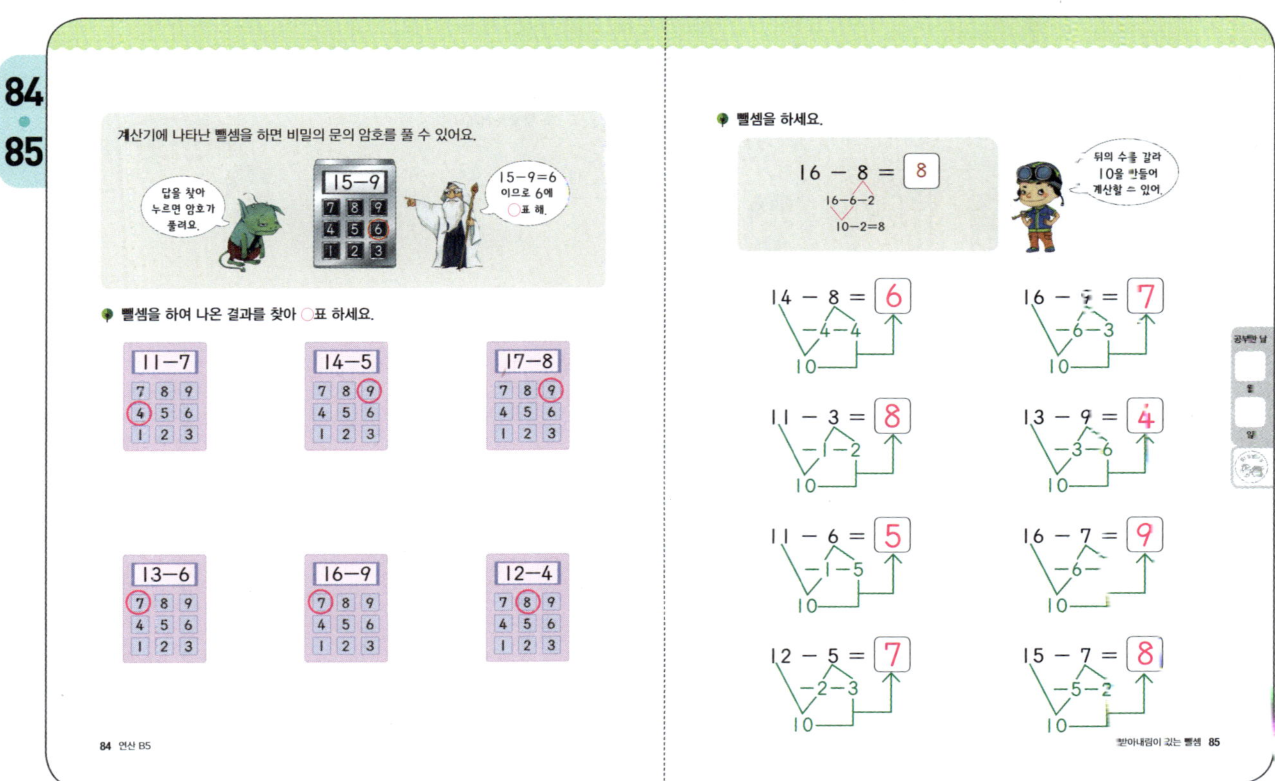

계산기에 나타난 뺄셈을 하면 비밀의 문의 암호를 풀 수 있어요.

답을 찾아 누르면 암호가 풀려요.

15-9=6
이므로 6에
◯표 해.

뺄셈을 하여 나온 결과를 찾아 ◯표 하세요.

11-7
14-5
17-8
13-6
16-9
12-4

뺄셈을 하세요.

16 - 8 = 8
16-6-2
10-2=8

뒤의 수를 갈라
10을 만들어
계산할 수 있어

14 - 8 = 6
16 - 7 = 7
11 - 3 = 8
13 - 9 = 4
11 - 6 = 5
16 - 7 = 9
12 - 5 = 7
15 - 7 = 8

공부한 날
월
일

218 길 찾기

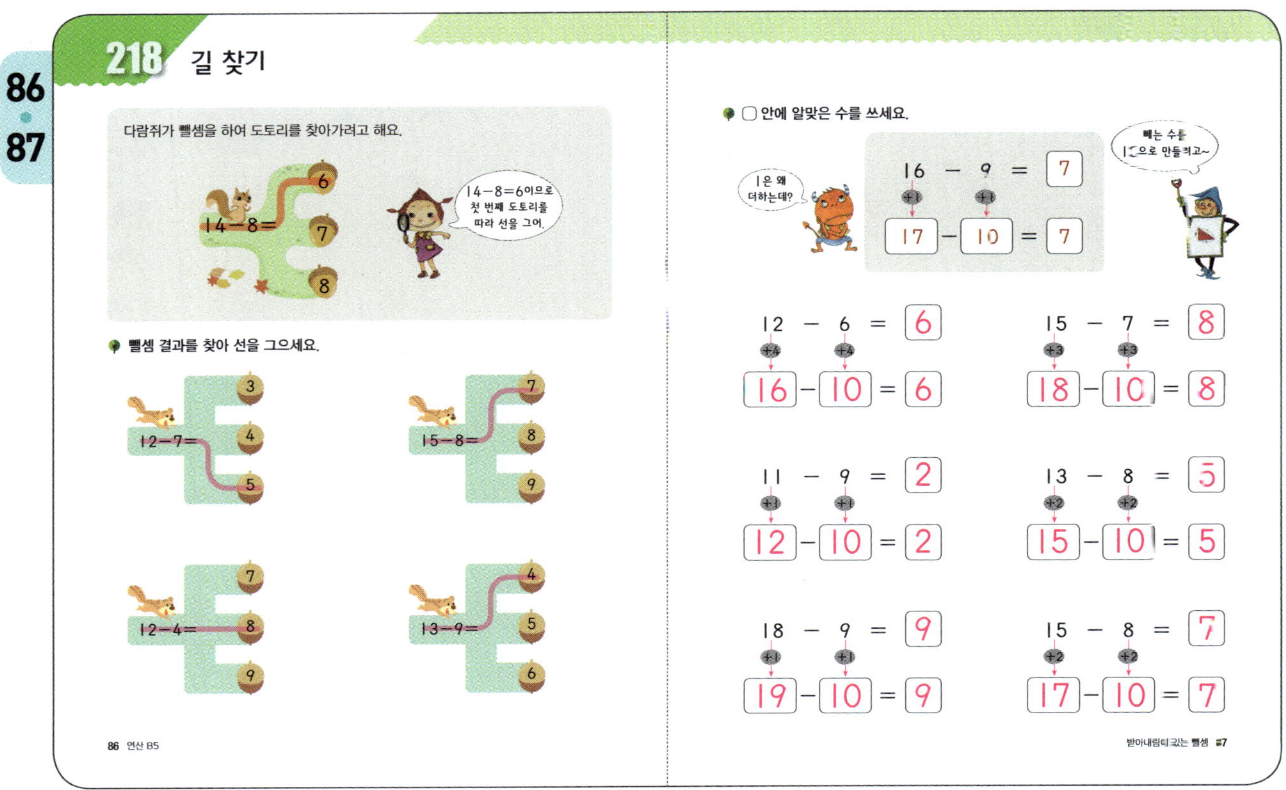

다람쥐가 뺄셈을 하여 도토리를 찾아가려고 해요.

14-8=

14-8=6이므로
첫 번째 도토리를
따라 선을 그어.

뺄셈 결과를 찾아 선을 그으세요.

12-7=
15-8=
12-4=
13-9=

◯ 안에 알맞은 수를 쓰세요.

1은 왜
더하는데?

16 - 9 = 7
17 - 10 = 7

빼는 수를
1으로 만들고~

12 - 6 = 6
15 - 7 = 8
16 - 10 = 6
18 - 10 = 8
11 - 9 = 2
13 - 8 = 5
12 - 10 = 2
15 - 10 = 5
18 - 9 = 9
15 - 8 = 7
19 - 10 = 9
17 - 10 = 7

88 · 89

● 올바른 식을 찾아 ◯표 하세요.

18−9=7
13−7=6
14−5=8
18−9=9
14−5=9

15−7=9
11−7=5
12−6=6
15−7=8
11−7=4

11−3=6
16−9=8
14−6=8
11−3=8
16−9=7

16−8=8
15−6=7
13−8=6
15−6=9
13−8=5

17−9=8
12−7=4
11−6=6
12−7=5
11−6=5

12−5=8
14−7=5
17−8=9
12−5=7
14−7=7

● 뺄셈을 하세요.

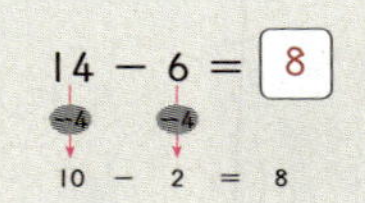

11 − 7 = 4
10 − 6 = 4

16 − 7 = 9
10 − 1 = 9

15 − 8 = 7
10 − 3 = 7

12 − 4 = 8
10 − 2 = 8

14 − 9 = 5
10 − 5 = 5

12 − 9 = 3
10 − 7 = 3

11 − 2 = 9
10 − 1 = 9

13 − 7 = 6
10 − 4 = 6

90 · 91

219 벌레 먹은 셈

● 주어진 수를 ☐ 안에 알맞게 쓰세요.

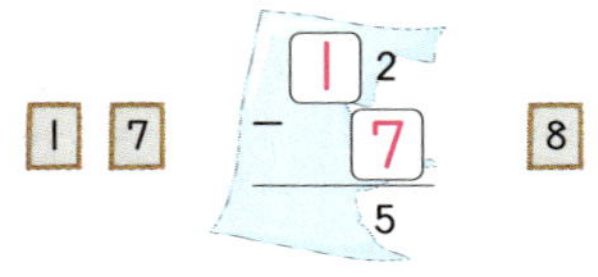
1 7
1 2
− 7
5

8 1
1 6
− 8
8

4 1
1 1
− 7
4

4 5
1 4
− 9
5

● 주어진 수를 ☐ 안에 알맞게 쓰세요.

1 9
1 3
− 4
9

3 1
1 2
− 3
9

5 8
1 5
− 7
8

9 6
1 6
− 9
7

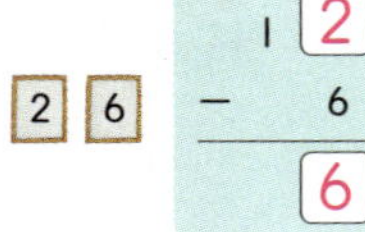
2 6
1 2
− 6
6

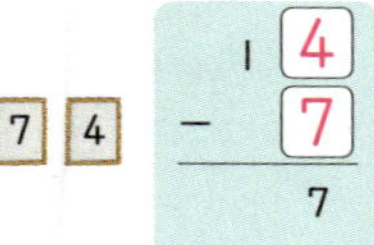
7 4
1 4
− 7
7

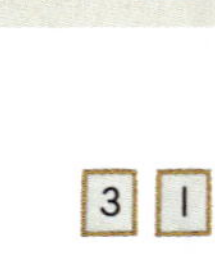

20 연산 B5

220 결과가 같은 식

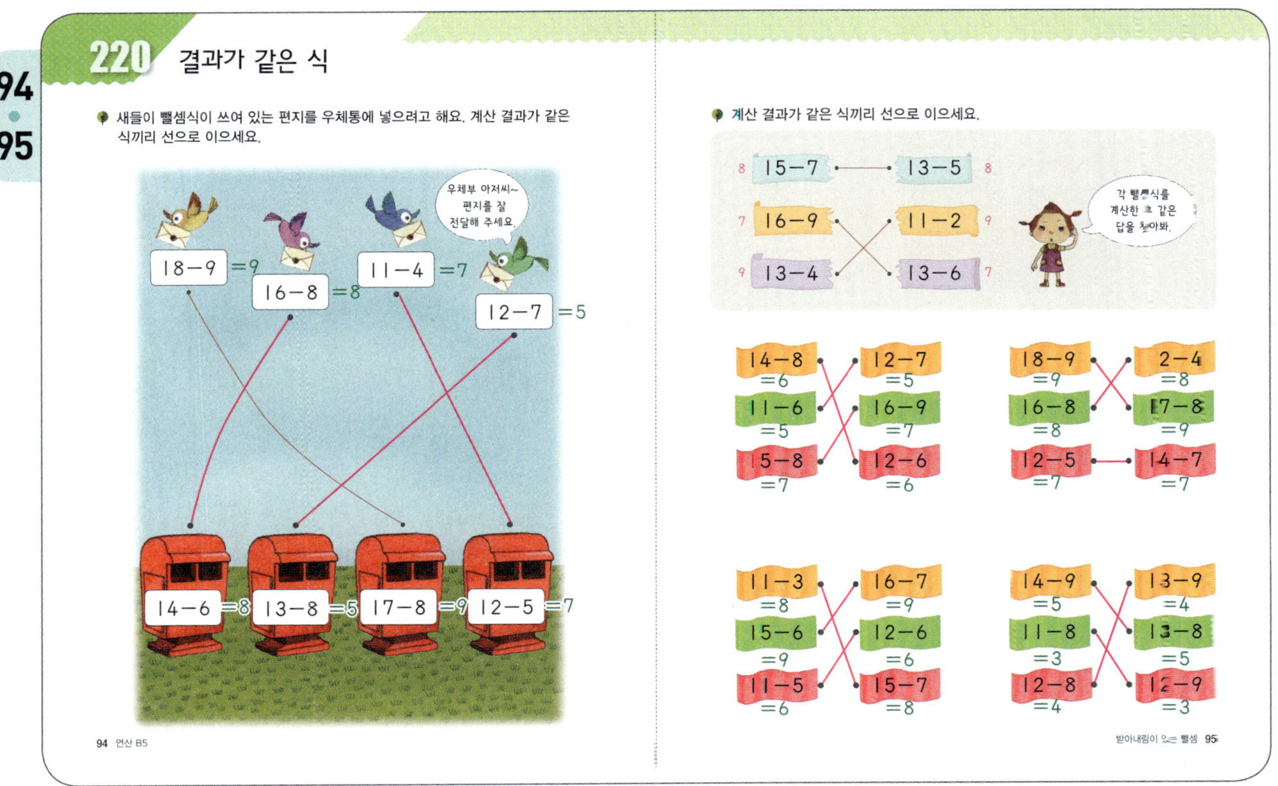

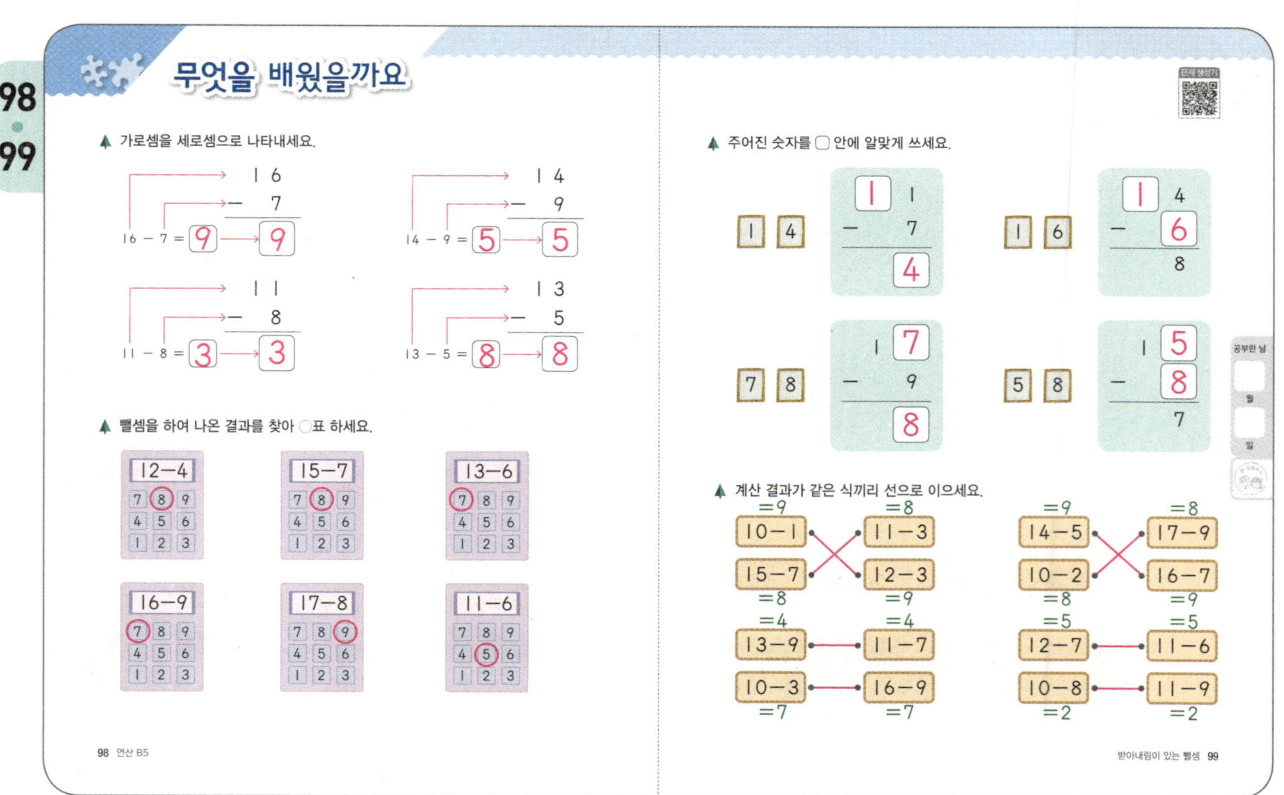
96
97
계산 결과가 담장 위의 수가 되는 벽돌을 색칠해요.

계산 결과가 지붕 위의 수가 되는 뺄셈식을 모두 찾아 ◯표 하세요.

계산 결과가 ◯ 안의 수가 되는 뺄셈식을 모두 찾아 색칠하세요.

96 연산 B5
받아내림이 있는 뺄셈 97

98
99
무엇을 배웠을까요

가로셈을 세로셈으로 나타내세요.

뺄셈을 하여 나온 결과를 찾아 ◯표 하세요.

주어진 숫자를 ☐ 안에 알맞게 쓰세요.

계산 결과가 같은 식끼리 선으로 이으세요.

98 연산 B5
받아내림이 있는 뺄셈 99

받아내림이 없는 뺄셈
관련 쪽수: 6~27쪽

❖ 뺄셈을 하세요.

$15 - 4 = \boxed{11}$　　$11 - 1 = \boxed{10}$

$16 - 2 = \boxed{14}$　　$14 - 3 = \boxed{11}$

$17 - 1 = \boxed{16}$　　$19 - 7 = \boxed{12}$

　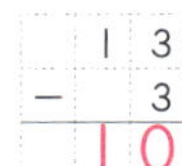　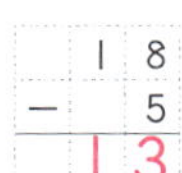

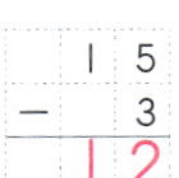　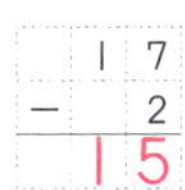　

❖ ◻ 안에 알맞은 수를 쓰세요.

$13 - \boxed{1} = 12$　　$14 - \boxed{2} = 12$

$16 - \boxed{3} = 13$　　$18 - \boxed{4} = 4$

$15 - \boxed{5} = 10$　　$18 - \boxed{7} = 1$

$17 - \boxed{2} = 15$　　$19 - \boxed{6} = 13$

$\boxed{18} - 3 = 15$　　$\boxed{19} - 4 = 15$

$\boxed{16} - 5 = 11$　　$\boxed{17} - 4 = 13$

10을 이용한 빼기 (1)
관련 쪽수: 30~55쪽

❖ ◻ 안에 알맞은 수를 쓰세요.

$10 - 7 + 5 = \boxed{8}$　　$10 - 3 + 2 = \boxed{9}$
$\boxed{3} + 5 = \boxed{8}$　　$\boxed{7} + 2 = \boxed{9}$

$13 - 6 = \boxed{7}$　　$16 - 9 = \boxed{7}$
$\boxed{10} - 6 + 3$　　$\boxed{10} - 9 + 6$
$\boxed{4} + 3 = \boxed{7}$　　$\boxed{1} + 6 = \boxed{7}$

$12 - 7 = \boxed{5}$　　$17 - 8 = \boxed{9}$
$\boxed{10} - 7 + 2$　　$\boxed{10} - 8 + 7$
$\boxed{3} + 2 = \boxed{5}$　　$\boxed{2} + 7 = \boxed{9}$

❖ ◻ 안에 알맞은 수를 쓰세요.

$14 - 4 - 3 = \boxed{7}$　　$18 - 8 - 1 = \boxed{9}$
$\boxed{10} - 3 = \boxed{7}$　　$\boxed{10} - 1 = \boxed{9}$

$11 - 4 = \boxed{7}$　　$12 - 6 = \boxed{6}$
$11 - 1 - \boxed{3}$　　$12 - 2 - \boxed{4}$
$\boxed{10} - \boxed{3} = \boxed{7}$　　$\boxed{10} - \boxed{4} = \boxed{6}$

$16 - 7 = \boxed{9}$　　$13 - 8 = \boxed{5}$
$16 - \boxed{6} - \boxed{1}$　　$13 - \boxed{3} - \boxed{5}$
$\boxed{10} - 1 = \boxed{9}$　　$\boxed{10} - 5 = \boxed{5}$

106 · 107

10을 이용한 빼기 (2)

관련 쪽수: 58~75쪽

❖ ☐ 안에 알맞은 수를 쓰세요.

$12 - 5 = \boxed{7}$ (+5, +5)
$17 - 10 = \boxed{7}$

$17 - 9 = \boxed{8}$ (+1, +1)
$18 - 10 = \boxed{8}$

$16 - 7 = \boxed{9}$ (+3, +3)
$19 - 10 = \boxed{9}$

$14 - 8 = \boxed{6}$ (+2, +2)
$16 - 10 = \boxed{6}$

$16 - 9 = \boxed{7}$ (−6, −6)
$10 - 3 = \boxed{7}$

$11 - 3 = \boxed{8}$ (−1, −1)
$10 - 2 = \boxed{8}$

$13 - 7 = \boxed{6}$ (−3, −3)
$10 - 4 = \boxed{6}$

$15 - 8 = \boxed{7}$ (−5, −5)
$10 - 3 = \boxed{7}$

❖ 뺄셈을 하세요.

$11 - 2 = \boxed{9}$ $12 - 3 = \boxed{9}$

$13 - 5 = \boxed{8}$ $11 - 6 = \boxed{5}$

$14 - 8 = \boxed{6}$ $13 - 4 = \boxed{9}$

$15 - 6 = \boxed{9}$ $16 - 8 = \boxed{8}$

$16 - 9 = \boxed{7}$ $14 - 5 = \boxed{9}$

$15 - 7 = \boxed{8}$ $17 - 8 = \boxed{9}$

$18 - 9 = \boxed{9}$ $17 - 9 = \boxed{8}$

108

받아내림이 있는 뺄셈

관련 쪽수: 78~99쪽

❖ 뺄셈을 하세요.

$\begin{array}{r} 11 \\ -\ 4 \\ \hline \boxed{7} \end{array}$
$\begin{array}{r} 13 \\ -\ 5 \\ \hline \boxed{8} \end{array}$
$\begin{array}{r} 15 \\ -\ 6 \\ \hline \boxed{9} \end{array}$

$\begin{array}{r} 16 \\ -\ 8 \\ \hline \boxed{8} \end{array}$
$\begin{array}{r} 14 \\ -\ 7 \\ \hline \boxed{7} \end{array}$
$\begin{array}{r} 18 \\ -\ 9 \\ \hline \boxed{9} \end{array}$

❖ 주어진 수를 ☐ 안에 알맞게 쓰세요.

$\boxed{2}\ \boxed{7}$ → $\begin{array}{r} 1\boxed{2} \\ -\ \boxed{7} \\ \hline 5 \end{array}$

$\boxed{1}\ \boxed{3}$ → $\begin{array}{r} \boxed{1}\ 1 \\ -\ \boxed{3} \\ \hline 8 \end{array}$

$\boxed{4}\ \boxed{9}$ → $\begin{array}{r} 1\boxed{4} \\ -\ \boxed{9} \\ \hline 5 \end{array}$

$\boxed{7}\ \boxed{9}$ → $\begin{array}{r} 1\boxed{7} \\ -\ 8 \\ \hline \boxed{9} \end{array}$